LAS IGLESIAS CRISTIANAS

(CATÓLICA, ORTODOXA, PROTESTANTE Y ANGLICANA)

JOSÉ LUIS VÁZQUEZ BORAU

“Hemos transformado el sermón de la montaña en una montaña de sermones”

CARDENAL DANNEELS

ISBN: 9798809851961
Sello: Independently published

ÍNDICE

7

INTRODUCCIÓN

Jesús de Nazaret, el Cristo, no es algo causal en la historia, sino "*un misterio escondido desde siglos y generaciones*" (Col 1,26) en Dios. Según la *Biblia*, Dios no es sorprendido por la Historia, sino que es su Señor: Desde el principio todo estaba dispuesto ante sus ojos, de modo que toda la creación pudiese ser concebida en función del acontecimiento de Cristo. Así la Creación y la Salvación forman una unidad en Cristo. Dios se decide en Cristo por el ser humano y su nueva existencia. Toda la vida de Jesús de Nazaret está enmarcada por estas dos realidades: *Abba,* palabra utilizada por Jesús (*Mc* 14,36) y por los propios cristianos (*Rm* 8,15) para expresar una relación muy íntima entre Dios y sus hijos; y Reino, palabra que va unida a la propia misión y persona de Jesús, eliminando todo nacionalismo excluyente y las esperanzas materiales de los judíos. Es decir por la paternidad y el reinado de Dios en las personas, engendrando una nueva dignidad humana: la de hijos y hermanos. De ahí que esta dignidad humana fundamente la libertad y la solidaridad entre los humanos. Toda la predicación de Jesús, su praxis y llamada al discipulado giran en torno a esto.

Un cristianismo sin comunidad, sin Iglesia, sin institución, viene de los deístas e ilustrados del siglo XVIII, hasta llegar hasta nosotros. Se denota en todo esto una pérdida progresiva de la fe eclesial, abriéndose el camino para construir los contenidos de la fe a la propia medida. El resultado de todo esto es la manipulación de la imagen de Dios y de Cristo, que dejan de ser el Dios y el Cristo que viven por el Espíritu en la comunidad y se convierten en el Dios y el Cristo que conviene a un grupo u otro de personas: el Cristo guerrillero o el Cristo hippy; el Cristo juez severo y éticamente inflexible o el Cristo liberal que justifica lo que se considera simples debilidades; el Cristo conservador de lo que se considera inmutable o el Cristo progresista frente a lo que se percibe como obstáculo a superar en el camino de la Iglesia.

Urge avivar la conciencia de adhesión a la Iglesia como mediadora de salvación. Sólo en la comunidad eclesial es posible recuperar el auténtico Cristo, que vive en la Iglesia y en el que la Iglesia cree. La fe en Cristo ha de ser fe eclesial.

Las Iglesias cristianas, como grupos humanos que son, han tenido de todo, bueno y malo. Pero, mal que bien, siguen predicando el mensaje de Jesús, aunque siempre están necesitadas de reforma, como pide el concilio Vaticano II al afirmar que: "*de la misma manera que Cristo efectuó la redención en la pobreza y en la persecución, así la Iglesia está destinada a seguir ese mismo camino para comunicar a los hombres los frutos de la salvación. Cristo Jesús, 'existiendo en la forma de Dios, se anonadó a sí mismo, tomando la forma de siervo (Flp 2,6-7) y por nosotros se hizo pobre, siendo rico (2Cor 8,9); así la Iglesia, aunque necesite de medios humanos para cumplir su misión, no está constituida para buscar la gloria de este mundo, sino para predicar la humildad y la abnegación también con su ejemplo. Cristo fue enviado por el Padre a evangelizar a los pobres y levantar a los oprimidos (Lc 4, 18), para buscar y salvar lo que estaba perdido (Lc 19, 10); de manera semejante la Iglesia abraza a todos los afligidos por la debilidad humana, más aún, reconoce en los pobres y en los que sufren la imagen de su Fundador pobre y paciente, se esfuerza en aliviar sus necesidades y pretende servir en ellos a Cristo. Pues mientras Cristo, santo, inocente, inmaculado (Heb 7, 26) no conoció el pecado (cf. 2Cor 5,21), sino que vino a expiar sólo los pecados del pueblo (cf. Heb 2,17), la Iglesia recibiendo en su propio seno a los pecadores, santa al mismo tiempo que necesitada de purificación constante, busca sin cesar la penitencia y la renovación"* (Concilio Vaticano II, *Lumen Gentium*, 8).

Y miembro de la Iglesia es cada bautizado, creyente en Cristo. A partir de aquí, hay que admitir algo evidente: una persona creyente, y hasta un colectivo de personas creyentes pueden no ser fieles al mensaje de Cristo, como nos lo demuestra una y otra vez la historia. Esto ocurre siempre que Jesús es utilizado o instrumentalizado para fines que nada tienen que ver con la caridad, con un amor a toda prueba y en todo momento. Y entonces, ciertamente la Iglesia no es santa, no es fiel, aunque siga siendo santa en su cabeza. El cristiano es una persona, y, como ser humano que es, está zarandeado por el mal; por eso lo que importa es que cada uno reconozca, humilde y llanamente, los propios fallos, las propias infidelidades, pues, si errar es humano, reconocer el error nos dignifica y nos ayuda a no volver a repetirlo.

Este libro, dedicado a las *Iglesias cristianas*, esta dividido en dos partes. En la primera se hace un repaso de la Iglesia Católica señalando los aspectos más significativos de su historia. Y en la segunda parte se hace lo mismo con la Iglesia Ortodoxa, Protestante y Anglicana, para llegar a un punto donde se anhela, a modo de conclusión, de que llegue el día en que todas las Iglesias particulares se unan en la única Iglesia santa, católica y apostólica de Jesucristo. El cristianismo unificado será un cristianismo que salvará la pluralidad de las diferentes tradiciones y de los distintos modos de expresión, significando una globalización de la comunión de la fe, que no tiene fronteras. Esta tarea pide la audacia de la fe, sin dejarse atrapar por el clima de pesimismo que tantas veces rodea nuestras empresas humanas.

PRIMERA PARTE:

LA IGLESIA CATÓLICA

I. LOS COMIENZOS Y LA CRISTIANIZACIÓN DEL IMPERIO ROMANO

1. Referencias históricas de Jesús de Nazaret

Las referencias históricas de Jesús de Nazaret son escasas en los escritos romanos, pues a estos no les interesaban las disputas doctrinales de los judíos, y para ellos el cristianismo, al principio, era una pequeña secta* separada del judaísmo. Jesús no era más que uno de los muchos condenados a muerte por los procuradores romanos de provincias. Además, en tiempo de Augusto todavía no existían ni los biógrafos de los emperadores, ni los historiadores del Imperio, ni los cronistas de Siria y Palestina. Con todo, existen varios documentos que hablan de Jesús. Por ejemplo este de Plinio el Joven (62-113) que era procónsul del emperador en Bitinia, junto al Mar Negro. Estaba impresionado por el número tan elevado de cristianos que debía condenar durante la persecución ordenada por Trajano. El año 111 escribió una carta al emperador para consultarle el caso. Dice así: "*Después de diversos interrogatorios acompañados de amenazas, mandé ejecutar a los que siguen llamándose cristianos... Algunos han negado ser cristianos y otros incluso han maldecido a Cristo. Afirmaban los renegados que la suma de su error o culpa consistía en reunirse un día señalado antes de salir el sol y entonar un cántico a Cristo como Dios, en obligarse mutuamente y con juramento, no a maldad alguna, sino a no cometer hurtos, latrocinios, ni adulterios; a no faltar a la palabra dada ni negar el depósito recibido. Hecho esto, se retiraban, volviendo después a tomar juntos una comida inocente... No he hallado en ellos otra cosa sino una superstición condenable e inmoderada*" (*Libro de Cartas* 10,46)

Tampoco existen demasiadas referencias a Jesús de Nazaret en los escritos judíos antiguos. Flavio Josefo (37-102), por poner un ejemplo lo cita. Este gran historiador del pueblo judío, que había sido general del ejército galileo en la guerra del año 67 contra los romanos, cuando cayó prisionero, fue liberado por el emperador Vespasiano, del cual llegó a ser amigo.

Convertido en ciudadano romano, escribió en latín dos libros: *La guerra judía* (años 75-79), de la que él mismo fue testigo directo, y *Antigüedades judías* (año 93), en la que ofrece a los romanos la historia de Israel hasta la caída de Jerusalén (año 70) y de la fortaleza de Masada (año 73). En este último libro se encuentran tres párrafos relacionados con Jesús de Nazaret: "*Por aquella época apareció Jesús, hombre sabio. Fue autor de obras maravillosas, maestro para quienes reciben con gusto la verdad. Atrajo a sí muchos judíos y también muchos gentiles. Habiendo sido denunciado por los principales del pueblo, Pilato lo condenó al suplicio de la cruz; pero los que antes le habían amado le permanecieron fieles en el amor. De él tomaron su nombre los cristianos, cuya sociedad perdura hasta el día de hoy*" (*Antigüedades judías* 18, 3, 3)

Los discípulos de Jesús tienen la convicción de que le conocen mejor después de su muerte y resurrección, que cuando vivían con él. Por eso, a la hora de escribir, se centran en lo mejor que han descubierto en él y en lo que la vida de Jesús ha significado para ellos. Pasan de largo frente a muchos detalles porque no pretenden escribir una crónica, una biografía tal y como hoy entendemos esta palabra. Esto lo realizaron en tres etapas: a) La primera se refiere al tiempo de Jesús. Él, personalmente no dejó ningún escrito. Los jefes religiosos lo condenaron a muerte y los romanos lo crucificaron. Su muerte tuvo lugar, probablemente, el 7 de abril del año 30. Pues, según parece, el monje Dionisio el Exiguo, en el siglo VI, para actualizar el calendario implantado por Julio César, tomó como punto de partida el nacimiento de Jesús, que ubicó en el 754 de la fundación de Roma, en vez de en el 749. Posteriormente, la reforma gregoriana del calendario en 1582, se basó en estos datos que perduran hasta nuestros días; b) La segunda a las comunidades cristianas que surgieron entre los años 30-70. La historia de Jesús no acabó con su muerte. Al tercer día, se presentó resucitado a sus discípulos y les hizo partícipes de su Espíritu. A partir de este momento, sin dejar de ser judíos, se formó un grupo nuevo: el grupo de los testigos de Jesús resucitado; c) La tercera es la redacción de los escritos, entre los años 70 al 100 d. C. Esta etapa comienza después de la destrucción de Jerusalén. Cuatro escritores resumen las tradiciones, que ya se habían redactado, y presentan los testimonios sobre Jesús: Mateo, Marcos, Lucas y Juan, representados simbólicamente en el arte cristiano[1].

Los sesenta y cinco libros *Apócrifos* fueron escritos al mismo tiempo que los *Evangelios*, pero la Iglesia, sin rechazarlos, no los admitió como inspirados. En estos libros se nos dan a conocer aspectos humanos, no conocidos y a veces insólitos, de Jesús y de María y otras muchas vivencias del cristianismo de los primeros siglos. El evangelista Lucas, además de su evangelio, escribió un segundo libro, los *Hechos de los Apóstoles*. En él muestra la expansión de las comunidades a todos los rincones del mundo conocido, bajo el impulso de la predicación de los apóstoles y del Espíritu Santo.

2. La Iglesia, gracias al impulso del Espíritu Santo, es la continuadora de la obra de Jesús hasta el final de los tiempos

La Iglesia surgió como fruto de una experiencia de alegría: la venida del Espíritu Santo. Algo muy profundo e importante tuvo que suceder para que la causa de Jesús no acabara con su muerte en el calvario. Algo tuvo que suceder para que los seguidores de Jesús, que se habían escondido por miedo a los judíos y dispersado como ovejas sin pastor, se reunieran de nuevo precisamente en la ciudad donde había sido ejecutado el maestro y comparecieran en público para dar testimonio de su fe. Los *Hechos de los Apóstoles* nos lo narran: "*Al llegar el día de Pentecostés estaban todos reunidos en el mismo lugar. De repente un ruido del cielo, como de viento recio, resonó en toda la casa donde se encontraban, y vieron aparecer unas lenguas como de fuego que se repartían posándose encima de cada uno. Se llenaron todos del Espíritu*

---

1 Recuadro Nº 1: La representación simbólica de los cuatro evangelistas

Santo y empezaron a hablar en diferentes lenguas, según el Espíritu les concedía expresarse"(*Hec* 2, 1-4)

Jesús supo que moriría por la salvación de muchos. El hecho de que reuniera en torno a sí discípulos y la elección de los Doce nos indica su voluntad fundadora de la Iglesia, que en un principio se manifiesta en la llamada a participar en su movimiento anunciando que el Reino de Dios está con los pobres, con los marginados de Israel: "*Dichosos vosotros los pobres, porque vuestro es el reino de Dios"* (*Lc* 6,20) En su origen, la Iglesia no es más que el grupo de los seguidores de Jesús, entre los que se encuentran los doce apóstoles, separados del grupo de los discípulos y de la sinagoga. Muy pronto, Simón Pedro fue considerado como el jefe de la misma. Por eso se llama 'apostólica'. Con la venida del Espíritu Santo, tanto a María, los apóstoles y los demás seguidores de Jesús se les iluminaron los ojos de la fe y comprendieron el sentido de todo lo acontecido. Descubrieron la presencia viva del Resucitado en medio de ellos que les daba su Paz y su fuerza para continuar su obra hasta el final de los tiempos.

3. La Iglesia está constituida por el Espíritu Santo

Entre el Espíritu Santo y la Iglesia existe una relación sumamente íntima, frente a la cual ninguna demostración resulta exhaustiva, ninguna imagen perfecta, ni ninguna fórmula adecuada. Se puede afirmar que la Iglesia está constituida, eficazmente, por el Espíritu. "*Allí donde está la Iglesia*, decía San Irineo, *allí está también el Espíritu de Dios; y allí donde está el Espíritu de Dios, está también la Iglesia y la plenitud de la gracia*". Según el símbolo de los Apóstoles, la creación es atribuida al Padre, la obra redentora al Hijo y la Iglesia al Espíritu Santo[2].

---

2 Recuadro Nº 2: Los Símbolos de la fe

El Espíritu está en el interior de la Iglesia, es su vida, aquello que la unifica. Y para comunicar esta vida fue por lo que Cristo vino y volvió a partir: "*Os conviene que yo me vaya, porque si no me voy, no vendrá vuestro abogado; en cambio, si me voy, os lo enviaré*" (*Jn* 16,7) Por esto, cuando los Apóstoles, reunidos en concilio, hablan, resulta difícil distinguir lo que procede de la Iglesia de lo que procede del Espíritu: "*Porque hemos decidido, el Espíritu Santo y nosotros*", escriben en su conclusión de su primer concilio de Jerusalén (*Hech* 15, 28) Cuando en los *Hechos de los Apóstoles* se nos refiere el envío en misión de Saulo y Bemabé, se dice que los hermanos de Antioquia "*les impusieron las manos y los dejaron marchar a su misión enviados por el Espíritu Santo*" (*Hech* 13, 3-4) El viento de Dios, que es el Espíritu Santo, cual viento vivificador que trae, a su paso, rocío, bendición, fecundidad y hace germinar la tierra, comunica fecundidad espiritual a la humanidad, con la que entra en contacto, gracias a la Iglesia.

4. Después de Pentecostés se convirtieron judíos, palestinos y extranjeros venidos a Jerusalén.

El éxito inquieta a las autoridades judías: Pedro anuncia ante ellos el mensaje de Jesús. El número de fieles va en aumento. Empiezan las tensiones entre helenistas y judeo cristianos de Palestina. Los apóstoles organizan el servicio a la comunidad instituyendo diáconos* (Cf. *Hch* 6, 1-7)

Pronto las ideas cristianas comenzaron a chocar con el judaísmo, a raíz de la predicación del diácono Esteban, seguida de su lapidación el año 36 de nuestra era. La conversión de Pablo un año más tarde, significó una gran aportación a la Iglesia.

La muerte de Esteban fue la señal de una persecución que se abatió sobre la comunidad de Jerusalén, golpeando sobre todo a los cristianos helenistas. Mientras que los apóstoles quedaron en Jerusalén, muchos cristianos huyeron, predicando el evangelio en Judea y

Samaria: las muchas conversiones allí logradas, hicieron que Pedro y Juan visitaran a estos nuevos cristianos para imponerles las manos, predicando al mismo tiempo en Samaria.

Después de un corto periodo de paz, la persecución comenzó de nuevo: Herodes Agripa hizo arrestar a Pedro y Santiago el Mayor, siendo éste último decapitado el año 43 (Cf. *Hch* 12, 2), pero no se dice nada sobre sus restos. Según la tradición, los discípulos de Santiago los tomaron y los trajeron a España, desembarcando en Iria Flavia, ciudad romanizada, actualmente Padrón, en Galicia. Luego se internaron y les dieron sepultura en un lugar solitario, que es el actual Santiago. Al morir dos de sus discípulos, Anastasio y Teodoro, fueron también sepultados en el mismo lugar.

Pedro dejó Jerusalén y el liderazgo de esta comunidad pasó a manos de Jaime el Justo, el apóstol Santiago, pariente de Jesús. Un buen sector de los primeros cristianos quería que los nuevos conversos aceptaran las prácticas de vida judías, entre ellas la circuncisión, a lo que se oponía Pablo y sus compañeros; esto motivó el primer Concilio en Jerusalén[3] el año 49, liberando de estas prescripciones a los nuevos convertidos. A pesar de esto, el judaísmo era muy fuerte en la primitiva comunidad, sobretodo en el grupo de Santiago el Menor muerto violentamente el año 62 en manos de oficiales judíos, y que durante unos veinte años desarrolló allí una gran actividad.. Con esta muerte se consumó la ruptura total de la nueva comunidad cristiana y el judaísmo oficial, antes del asedio y destrucción de Jerusalén, por parte de los romanos, el año 70. La catástrofe que supuso para Jerusalén la sublevación de los años 66-67, hizo que la comunidad cristiana emigrara a oriente del Jordán, estableciéndose en la ciudad de Pella.

5. Pablo de Tarso, apóstol de los gentiles

3 Recuadro Nº 3: Resolución del Concilio de Jerusalén

Saulo o Paulo, nombre romano, había nacido en Tarso y era hijo de un guarnicionero de la tribu de Benjamín. Estaba familiarizado con la cultura helenista desde la infancia, y, más tarde, fue educado en Jerusalén en la escuela del famoso rabino Gamaliel. Llevado por el fanatismo* fariseo*, persiguió a los cristiano-helenistas y estuvo presente en la muerte de Esteban. Pero su vida dio un giro de noventa grados a raíz de su conversión, camino de Damasco, cuando llevaba permiso del sumo sacerdote para la detención de los que seguían el camino de Jesús[4]. Fue bautizado por Ananías y se retiró al desierto por algún tiempo. Habiendo regresado a Damasco, fue perseguido por los judíos y tuvo que huir de la ciudad descolgándose por el muro en una espuerta. Se dirigió a Jerusalén, donde le hicieron el vacío porque nadie se fiaba de él dados sus antecedentes. No obstante, su amigo Bernabé consiguió ponerle en contacto con Pedro y con Santiago. A los quince días, salió para su tierra, de donde le sacaría Bernabé para llevarle consigo a la comunidad cristiana de Antioquia[5] el año 43. Hacia el año 45, los dos amigos, acompañados por algún tiempo de Juan Marcos, el autor del segundo evangelio, realizaron una misión a Chipre y a una serie de ciudades del Asia Menor, regresando de nuevo a Antioquia el año 48, dejando, como fruto de ese primer viaje, cierto número de comunidades en donde abundaban ya los fieles procedentes de la gentilidad.

Debido a las persecuciones y gracias a las misiones de Pablo[6] y de los apóstoles, treinta años más tarde después de la muerte de Jesús, se habían formado ya asambleas cristianas en Judea, Samaría, en Siria, en Macedonia, en Grecia, en Egipto y hasta en Roma, donde, bajo la persecución de Nerón (54-68), murieron Pedro y Pablo el año 64.

6. Vida de la primitiva comunidad cristiana

4 Recuadro Nº 4: Conversión de Pablo
5 Recuadro Nº 5: La comunidad cristiana de Antioquia
6 Recuadro Nº 6: Las misiones de Pablo

El término *ekklesía* en griego profano se refiere a la asamblea del pueblo como fuerza política (*Hech* 19, 32.39ss) En la versión de la *Biblia* de los Setenta* es la traducción ordinaria del término hebreo *qahal,* que designaba la asamblea del Sinaí o la asamblea litúrgica de Israel después del destierro. Cuando los cristianos se apropian del término *Iglesia* y reservan el de *Sinagoga* para las asambleas judías, las dos traducciones equivalentes de *qahal* se contraponen.

En Pablo el término *ekklesía* tiene tres significados: 1) los cristianos de un lugar congregados para el servicio divino; 2) la totalidad de los cristianos de una ciudad (la comunidad local) o de una misma familia (comunidad doméstica); 3) los cristianos del mundo entero en cuanto forman una unidad (Iglesia Universal) (*Gal* 11, 3; 1*Cor* 10, 32)

Entre los cristianos existía un ambiente de caridad, religiosidad y vida íntima: "*La multitud de los creyentes tenía un solo corazón y una sola alma"* (*Hch* 4,32) La vida de la nueva Iglesia era un ideal de perfección. Vivían una especie de comunidad de bienes[7] y no había pobres entre ellos, pues los que poseían más acudían con los suyo a los que no poseían nada. Sobre estas convicciones se construye la vida religiosa de la comunidad primitiva. No abandonan las formas de piedad tradicionales: continúan yendo a orar al Templo, se conservan las horas, gestos y textos (salmos) del judaísmo. Pero ya existen prácticas de culto autónomas como el bautismo*. Los cristianos de Jerusalén "*eran perseverantes... en la fracción del pan*" (*Hch.* 2, 42) o celebración eucarística* en las casas de los fieles, el primer día de la semana. El día de ayuno era el viernes, en recuerdo de la muerte del Señor, y el miércoles. Nace así la semana cristiana.

7. La expansión de la primitiva Iglesia fue más el fruto del testimonio de vida que de la evangelización

7 Recuadro N° 7: Comunidad de bienes

Se estima que hacia el año 300 había cerca de seis millones de cristianos, es decir el diez por ciento de la población del Imperio romano. Y lo asombroso es que este crecimiento ocurriera en un contexto marcado por la persecución sangrienta, la marginación civil y política, y la ausencia de sistematización doctrinal, que vendría años después. Este crecimiento significó que una de cada dos personas estaba o había estado en contacto más o menos esporádico con algún miembro de la iglesia en un contexto donde se martirizaba sistemáticamente a la Iglesia naciente.

¿A qué se debió, pues, este rápido crecimiento? Se suele decir que fue gracias a la predicación de la nueva fe. Pero esta no fue la principal causa. El principal motivo fue la convicción y la coherencia cristianas. Lo que creyeron los primeros cristianos, lo creyeron a carta cabal, sin fisuras, y lo expresaron y manifestaron heroicamente en presencia de hostilidad. Tenían certeza de la esperanza basada en la resurrección de Jesús y ello contrastaba con la desilusión entre el pueblo del imperio acerca de los dioses de Grecia y Roma. Pero, además, estas creencias y su práctica no se tuvieron en un vacío histórico. En el año 165 y entre el 250 y el 260 dos epidemias espantosas barrieron todo el Imperio dejando a la mitad su población. Los paganos huían de sus familiares enfermos, mientras que los cristianos cuidaban de ellos. El amor y la misericordia fluían de la esperanza de los cristianos. Ellos permanecieron en las ciudades al cuidado de los suyos mientras la mayoría huyó. Dos cosas ocurrieron como consecuencia de las epidemias. Primero, los números paganos cayeron drásticamente y los números cristianos cayeron menos drásticamente. Y segundo, muchos abandonaron los dioses paganos y fueron empujados al Dios de los cristianos que inspiraba tal esperanza en presencia de la muerte, una esperanza traducida en un amor práctico que todos entendían.

Otra causa estaba relacionada con la vida privada. La promiscuidad sexual y los matrimonios en serie se multiplicaban hasta el punto que las enfermedades venéreas hicieron disminuir la población y acortar la vida de muchos. Los cristianos, en cambio, vivían la fidelidad para toda la vida y ello hizo que su número aumentase en proporción a la población total. Asimismo, debido al aborto y a la pérdida masiva de mujeres paganas por esta causa, el número de estas mujeres era siempre menor que los hombres y eran menos también las que gestaban descendencia. El número de mujeres cristianas, por otra parte, aumentó en proporción al número global de mujeres casaderas, además de que en la Iglesia se les reconociese una dignidad mayor que en el mundo pagano. Así pues había varones paganos que tenían esposas cristianas, lo que hacía que aumentase el número de familias cristianas.

Un elemento realmente llamativo era el número prominente de mujeres entre los mártires cristianos. En esas mujeres la cultura pagana descubrió al cristianismo como algo muy humano. La arena era un lugar para hombres, para gladiadores, que tenían que mostrar su fiereza en presencia de la muerte. Pero estas mujeres, que no llevaron espada ni lanza para defenderse, eran aún más valientes que los hombres con tridente, casco y red que se entregaban a la lucha de uno contra otro. Mártires como Santa Perpetua y Felícitas, con sus compañeras en Egipto, finales el siglo II, o Santa Engracia en Zaragoza, martirizada el 14 de abril del año 303, produjeron un impacto inmenso y abrieron los ojos de tantos que se convertían en testigos de que una realidad nueva y radical había venido al mundo. Así pues, la conversión del imperio romano fue fruto de la coherencia de vida de los discípulos de Jesús.

8. El antiguo cristianismo se presentaba como una escuela filosófica

Los antiguos cristianos reclamaban a las autoridades romanas el mismo reconocimiento y la misma libertad que se los otorgaba a las diferentes escuelas filosóficas, como la de los estoicos* o la de los epicúreos*. Las primeras generaciones cristianas no se consideraban como miembros de una religión. Tenían prácticas sacramentales, como el bautismo, la eucaristía, se reunían para orar, etc., pero no tenían un ritual, que, según los historiadores o sociólogos de la religión, es lo propio y característico de toda religión. A diferencia de los paganos, los cristianos no tenían rituales o sacrificios, por lo que se les llamaba 'ateos'

En el libro de los *Hechos de los apóstoles* se dice que los cristianos son aquellos que siguen el 'camino del Señor'. Jesús de Nazaret fue condenado por la ley y expulsado, pues, de su comunidad de religión. Fue expulsado fuera de la religión y Dios con él. Si Dios es expulsado es que quiere verse bajo una nueva luz. Jesús de Nazaret no se preocupó de los elementos esenciales de toda religión, como es el ritual o la disciplina. Estos dos elementos se encuentran en el judaísmo tal y como los propuso Moisés. Si el cristianismo se expandió fue gracias al Evangelio, lo que explica que los primeros cristianos pudiesen vivir bajo el judaísmo casi durante un siglo, y que hoy de nuevo podamos soñar con la unificación de las dos confesiones: la judaica y la cristiana.

La tarea de expresar el mensaje cristiano en la mentalidad griega produjo una gran preocupación por formular bien la doctrina cristiana (ortodoxia) y un progresivo desinterés por la práctica del evangelio en la vida (ortopraxis). El cristianismo trató de afirmarse como verdadera filosofía haciendo coincidir el concepto platónico de Dios y el concepto cristiano. Utilizó palabras no bíblicas como alma, sustancia, forma, naturaleza y persona, entrando de lleno en un sistema intelectualista y doctrinal.

También se utilizó el vocabulario religioso pagano, como pontífice, sacerdote, templo, altar, etc., para convertirlo en cristiano. Por la influencia del derecho romano, las normas cristianas se objetivizan y se ponen en códigos como las demás leyes. Se adopta también el esquema platónico de las virtudes y el principio estoico de la 'ley natural'*. Todo esto se redondea al adoptar el concepto griego de santidad como suma perfección moral, es decir, no tener ningún defecto.

9. La vida de la Iglesia bajo el imperio romano no fue fácil

Roma no conocía la distinción de poderes y la Iglesia exigía una autonomía de la vida espiritual; esto trajo tensiones en el seno de la misma Iglesia y polémicas con los pensadores romanos, llevadas a cabo por los apologistas*[8]. La persecución oficial contra los cristianos fue una constante de estos primeros tiempos, si bien no fue continua y total. Destacamos la persecución bajo Domiciano (81-96), Séptimo Severo (193-211), Decio (249-251), Valeriano (253-260) y Diocleciano (284-305).

Mientras la Iglesia se expandía, creaba centros de estudio en Alejandría, Cesarea y Antioquía e iniciaba la época de producción literaria con Justino, Hipólito, Orígenes, Tertuliano, Cebriano etc. Tertuliano, el primer teólogo que se expresó en latín, forjó novecientas palabras nuevas o cargadas de nuevos significados en el contexto cristiano, de entre las cuales sobresalen *substantia* y *persona.* Destaca, durante los siglos II y III la Iglesia Africana, centrada en Cartago, de gran vitalidad y espíritu de expansión, de quien se benefició la Península Ibérica.

El cristianismo se presenta como verdad de salvación para todos los hombres de buena voluntad y no como un sistema abstracto. Su atractivo es la fuerza salvadora que proclama. Pero, aunque de hecho no es una filosofía, sus verdades de salvación vienen explicadas a través de conceptos que interesan al filósofo y que los escritores cristianos toman de manera natural de la filosofía reinante en su época, fundamentalmente del neoplatonismo. Es más, ante los ataques que le vienen de fuera, el cristianismo se defiende en los términos en que se siente atacado. De esta forma, el cristianismo conecta con la filosofía. Por un lado, porque toma como suyas categorías filosóficas acuñadas por la tradición y, por otro, aportando nuevas formulaciones doctrinales, una visión del mundo específica y una concepción original sobre el sentido de la historia. Y no en cuanto síntesis filosófica como tal sino en cuanto que su visión teológica se especifica en términos estrictamente filosóficos, fundamentalmente en

---

8 Recuadro Nº 8: Los escritores apologistas

el planteamiento de los dos problemas principales en esta época cristiana: Dios y el ser humano.

Dos estrategias radicalmente opuestas se dan entre los apologistas a la hora de enfrentarse a la filosofía no-cristiana. Unos, en general, los llamados 'Padres Griegos', guardan una actitud respetuosa frente a la filosofía, cuya temática y vocabulario asumen en parte para explicar su doctrina; como un testimonio de ello, está San Justino. Otros, como Tertuliano y ciertos 'Padres Latinos', proclaman la radical incompatibilidad entre la filosofía y la revelación cristiana. Así, san Justino originario de Siquem (Samaría), se dedicó con ardor a la filosofía. Por este motivo recorre varias escuelas, pero ninguna le satisface. Al descubrir el Evangelio, encuentra la respuesta a sus ansias de verdad. El Evangelio es, para él, la verdadera filosofía. Se dedica, entonces, con toda su fuerza a enseñarla y defenderla. Viaja por distintos países hasta establecerse, finalmente, en Roma, donde crea una escuela. Muere allí hacia el 166. Entre sus obras, varias han llegado hasta nosotros: dos *Apologías* y el *Diálogo con Trifón.*

Tertuliano nace en Cartago en el 160. Convertido al cristianismo, se declara uno de sus defensores más radicales. Tanto es así que se afilia a la secta montanista* porque le parece que la doctrina moral de la Iglesia no es suficientemente rigurosa. Poseemos numerosas obras suyas de estilo enérgico y lapidario. Destacan por su contenido filosófico: *Apologeticum, De testimonio animae, De anima, De praescriptione haereticorum*, etc.

Su posición es abiertamente contraria a la filosofía. Desprecia explícitamente las formas de pensar dominantes en su tiempo: estoicismo, platonismo*, etc. Todos los filósofos de la antigüedad no tienen nada que aportar frente a la verdad revelada por Cristo. El Evangelio es lo único necesario para él. Sócrates, Platón, no son sino guías que conducen al error. Suya es la frase: "*Creo porque es absurdo*", estableciendo así una antítesis irreconciliable entre sabiduría cristiana y filosofía. No obstante, para desarrollar su pensamiento echa mano de los conceptos vigentes en su época, adoptando así una cierta forma de filosofía.

La labor iniciada por los apologetas tiene su culminación en la 'Escuela Cristiana de Alejandría'. Aquí se dan los primeros intentos de exposición sistemática del pensamiento cristiano en términos filosóficos. Su preocupación es mantener el cristianismo como la expresión más perfecta del pensamiento filosófico. Propone, así, constituir la doctrina cristiana sobre una firme base lógica.

Esta escuela, que tiene como fin ilustrar a los cristianos, formar buenos catecúmenos y atraer a los gentiles a la fe cristiana, enseña las disciplinas que se daban en otras academias y, además, filosofía y comentarios a la Sagrada Escritura. Alcanza su máximo esplendor con San Clemente de Alejandría y Orígenes. Ellos van a ser capaces de integrar dos polos que parecían irreconciliables: filosofía y cristianismo. Su lucha se va a centrar en dos frentes: por un lado, el de los que admiten como única fuente de conocimiento la revelación divina y rechazando de plano la especulación a través de la razón y, por otro, el de los gnósticos, que rechazan la revelación como fuente última de conocimiento que nos muestra la realidad absoluta, a la que ellos creen poder llegar por una especie de camino mágico, como un 'saber de salvación'.

San Clemente de Alejandría nace hacia el año 150 en Atenas. En el 202 se hace cargo de la dirección de la Escuela de Alejandría a la que da un gran auge. Muere hacia el 219. Sus obras principales son tres: el *Protréptico*, que es una invitación a los gentiles para que abracen el cristianismo; el *Pedagogo*, en la que presenta a Cristo como el verdadero Maestro de moral práctica que con sus enseñanzas ilumina a todos los hombres; y los *Stromata*, una colección de asuntos inconexos entre sí, de carácter apologético. Establece varios grados del saber, cuya culminación es la *gnosis*: un conocimiento intuitivo y afectivo-vital de Dios. En este conocimiento se fusionan ciencia, fe y amor. Es un saber místico al que se llega por medio del esfuerzo en la virtud y por el ejercicio ascético. Al contrario de los gnósticos*, da una importancia definitiva al conocimiento que se adquiere por medio de la revelación. La razón no es más que un instrumento al servicio de la fe que a su vez facilita la perfecta comprensión:

"*creo para comprender*". La razón debe ser completada por la revelación; ésta lleva a aquélla a su plenitud. Aunque san Clemente prefiere la filosofía estoica y platónica, no rechaza otras como la epicúrea o la aristotélica, siempre que se practiquen con recta intención y al servicio de la justicia, como él mismo expresa.

Orígenes nace en el 185 de padres cristianos. Su padre, san Leónidas, es mártir de la fe cristiana. Ocupa el puesto de san Clemente como director de la Escuela de Alejandría, en la que permanece, salvo interrupciones debidas a viajes, durante veintisiete años. Se le considera, después de san Agustín, la personalidad más importante de la Patrística. Prueba de su trabajo y de su ciencia son las numerosas obras que deja escritas. Destacan dos: *De principis* y *Contra Celso*. La primera obra está dividida en cuatro libros en los que trata de Dios, los ángeles y los demonios (libro I); de la creación, encarnación del Verbo, el hombre y su destino (libro II); de la moral y el problema de la libertad (libro III) y comentarios a la Sagrada Escritura (libro IV). La tesis principal de Orígenes es la de la Escuela que dirige y que san Clemente defiende en sus escritos: no hay oposición entre fe y razón o, dicho con su propia terminología, la filosofía y el cristianismo no son incompatibles. Ciertamente, la religión cristiana está por encima y trasciende a la filosofía. Lo que está solamente enunciado por la revelación puede y debe ser desarrollado por las personas de fe. Éstas deben poner todo el cuidado en buscar las razones de las afirmaciones (verdades) reveladas por medio de la sabiduría que sean capaces de ejercitar según su ingenio. Lo cual no implica que Dios no deje de ser un misterio inabarcable, pues si fuera de otro modo, dejaría de ser Dios. Muchos de sus razonamientos no fueron asumidos plenamente por la Iglesia, dando lugar a grandes controversias entre partidarios y no partidarios de Orígenes. Pero la postura básica de Orígenes va a ser adoptada por la mayoría de los pensadores cristianos como san Agustín y más tarde santo Tomás.

10. El *Edicto de Milán* prepara el camino para la conversión de naciones enteras

La declaración de tolerancia religiosa, que venía a proporcionar absoluta libertad para el cristianismo, gracias al *Edicto de Milán*, promulgado el año 313 por el emperador Constantino (274-337), convertido el mismo en creyente antes de morir, supuso para la Iglesia pasar de ser perseguida a religión del Estado. Con el decreto de libertad religiosa florecen las 'escuelas cristianas', cuya finalidad principal es utilizar los argumentos que la filosofía proporciona para la defensa de la fe. Aparecen entonces las controversias de los Santos Padres contra las desviaciones que surgen en el mismo seno de la Iglesia. Se perfilan conceptos de interés para la teología*, tales como *sustancia, naturaleza, Dios, persona*, entre otros.

Florecen escuelas en las que destacan pensadores de gran interés: en Cesarea de Capadocia, san Basilio, san Gregorio Nacianceno y san Gregorio Niceno; en Antioquía, Teodoro de Mopsuestia y san Juan Crisóstomo. Otros van a tener especial interés por la influencia que ejercen en la Edad Media, como Dionisio el Aeropagita o san Juan Damasceno, en pleno apogeo musulmán. Comienza así a perfilarse el concepto de escolástica* como contenido de carácter cultural ejercido en las escuelas y que va a dominar en toda la Edad Media.

Hay que destacar, de modo especial a san Agustín de Hipona nace en Tagaste de Numidia (actual Argelia) el 354. Procede de padre pagano y de madre cristiana, santa Mónica, quien lo educa como cristiano. Tras los primeros contactos con el mundo de la cultura en Tagaste, marcha sucesivamente a Madaura y Cartago, donde compagina la seriedad de los estudios con la vida separada de los ideales morales de su infancia. La lectura del *Hortensio* de Cicerón centra su vida, encaminándola a la búsqueda de la verdad. Poco más tarde abraza el maniqueísmo creyendo encontrar en él la solución al problema de la existencia del mal; abandona el maniqueísmo* para caer en el escepticismo*, después del intento fallido de fundar su escuela de retórica en Roma. Marcha a Milán como profesor municipal y aquí comienza de nuevo su camino de aproximación al cristianismo, ayudado, como nos cuenta en las *Confesiones*, por las oraciones de su madre, el conocimiento de la filosofía neoplatónica, las conversaciones con san Ambrosio, obispo de Milán y el testimonio de muchos cristianos. Vive un período fecundo de estudios, en el que dedica gran parte de sus esfuerzos a la lucha contra las herejías. A los 33 años, en la Pascua del 387, san Agustín recibe el bautismo. Años más tarde es ordenado presbítero y en el 394 es nombrado obispo de Hipona, donde desarrolla su gran labor pastoral e intelectual durante treinta y cinco años. Muere en el 430.

Por su relación con la filosofía, destacan entre sus obras: *Contra Academicos*; *De vita beata; De libero arbitrio; De Trinitate; De civitate Dei*; y la obra autobiográfica, *Las Confesiones*, en la que expone su propia existencia indagando en sí mismo su continua búsqueda de Dios. San Agustín expresa la imperiosa necesidad que tiene de la verdad. El esfuerzo, desde el inicio de su obra, va dirigido en este sentido; la filosofía es para el autor 'el esfuerzo por encontrar la verdad, la verdadera sabiduría'. Pero, ¿es la verdad a solas, como especulación, la meta definitiva de san Agustín?. En realidad, no es exactamente así. El conocimiento de la verdad es el paso previo necesario para llegar al alma y a Dios. Las ideas inmutables que la inteligencia encuentra en el alma, no son innatas, o debido a una reminiscencia. Son efecto de la Verdad, que es Dios, que interviene en el alma. Y si la inteligencia juzga las demás cosas se debe a esta Verdad que ilumina nuestra alma. ¿Cómo alcanza el alma esta iluminación? Esta iluminación no se da sin más en el alma, sino que se llega a ella a través de la reflexión sobre sí mismo, por un proceso de elevación o autotrascendencia. Las ideas reciben la luz de la verdad por la intervención de Dios, que esclarece con su luz la situación concreta que la realidad presenta. Si la verdad está vinculada al sumo bien y a la felicidad, al ser humano no le queda otro camino que fijar su mente en Dios para alcanzar la plena felicidad. Quedan, pues, unificados en la meta todo el proceso: Dios, Sumo Bien y Sabiduría, objeto de la contemplación del hombre bienaventurado.

11. El cristianismo, religión oficial

El paganismo no estaba muerto ya que determinadas profesiones se oponían al cristianismo y la instrucción de las clases pudientes estaba en manos de maestros paganos. Así, el emperador Juliano (361-367) en su breve reinado privó a la Iglesia de todos los privilegios, esforzándose en dar nueva vida al paganismo. Pero, a partir del 'Edicto de Tesalónica' del año 380, que fue promulgado por el emperador Teodosio, el cristianismo se convirtió en la religión oficial del Imperio romano. La Iglesia pasa a ser un poder no sólo espiritual, sino también temporal, introduciéndose el cesaropapismo*

Esta evolución, acompañada de una mayor represión del paganismo, la completó en el siglo VI el emperador Justiniano, que declaró fuera e la ley a los no bautizados, e inhábiles a los herejes para ocupar cargo público. Con esto se estaba abriendo paso la concepción medieval de que sólo el cristiano era un ciudadano completo, y quien atacaba a la Iglesia, lo hacía también al Estado

12. Doctrinas rechazadas por la Iglesia durante los primeros siglos

La palabra herejía significa 'cosa escogida' y apunta hacia la preferencia dada por el hereje a su propia opinión respecto al consenso de la Iglesia. En los tiempos apostólicos surgieron ya diversos errores y herejías. En las epístolas de san Pablo, san Juan y san Pedro se habla de 'cierta libertad exagerada' que conduce a los excesos de la carne. Se están refiriendo a los 'nicolaitas', doctrina sectaria que defendía la necesidad de abusar de los placeres carnales para matar la concupiscencia.

Se considera a Simón el Mago como el primer hereje. Creyó en Jesucristo como fruto de la predicación del diácono Felipe, pero pretendió comprar a Pedro y a Juan el poder de comunicar el Espíritu Santo, de aquí el nombre de simonía*.

Cuando se quiso explicar racionalmente la encarnación y pasión de Jesucristo desde un dualismo espiritualista apareció el 'docetismo', doctrina que creía que Jesucristo tenía un cuerpo aparente y negaba toda realidad a su vida humana. Esta doctrina fue condenada por el Concilio de Calcedonia del año 451.

La Iglesia, frente al 'marcionismo' doctrina emparentada con la gnóstica, estableció el 'canon de las Sagradas Escrituras', pues Marción, señalaba la oposición irreducible entre el Antiguo y el Nuevo Testamento, llegando a formar un canon propio, del que excluían todo el Antiguo Testamento y gran parte del Nuevo.

El 'montanismo', fundado por Montanus, que nació en Frigia durante el siglo II, era una doctrina de un rigorismo exagerado. El año 172 anunció que la Jerusalén celestial vendría pronto a Pepuza, un pueblecito situado cerca de Filadelfia de Lídia. A él se unieron las profetisas Maximila y Priscila, anunciando el fin del mundo. Este movimiento era apocalíptico y carismático, que vivía en la expectación del Espíritu Santo, que se manifestaba de modo especial en sus profetas y profetisas. La rama africana es conocida gracias a Tertuliano, que, con posterioridad, fundó un movimiento de la más estricta observancia, que combatía la relajación de los cristianos y no aceptaba la disciplina de la penitencia. El montanismo fue condenado por el Papa Ceferino (199-217)

Dentro de la tendencia rigorista, apareció a finales del siglo II, el llamado 'mileniarismo', que consiste en la creencia de que Jesucristo, después de vencer a sus enemigos, instaurará en la tierra un reinado de mil años, presentándose y haciendo triunfar la justicia donde reinó la impiedad. Esta creencia, basada en el texto del *Libro del Apocalipsis* 20, 1-3, sobre la derrota de la bestia, fue defendida por algunos heretizantes y algunos otros escritores ortodoxos. El milenarismo, aún el moderado, ha sido reprobado por la Iglesia.

El 'novacionismo' fundado por Novaciano, teólogo romano que, en el siglo III, fue ordenado sacerdote por el Papa Fabián (326-350), contra la voluntad del clero local por haber recibido el 'bautizo clínico'*. Llegó a oponerse al Papa Cornelio (251-253) más por diferencias personales que doctrinales, encabezando este partido rigorista que negaba a la Iglesia el poder de perdonar los pecados y de volver a admitir a los que negaban su fe durante las persecuciones. Los novacianos se oponían al perdón de un pecado grave*. Resistieron bien la excomunión del sínodo romano del año 251, fueron bien vistos por el Concilio de Nicea y sobrevivieron a todo el Imperio Romano hasta el siglo VII.

13. Las primeras herejías contra la divinidad de Jesucristo y la Santísima Trinidad

A finales del siglo I aparece el llamado 'dinamismo' o lo que más comúnmente se conoce con el nombre de 'adopcionismo'. Su autor fue Teodoto de Bizancio, enseñando que Jesús de Nazaret no fue más que un hombre elevado por una virtud divina (*dinamis*). Esto equivale a una adopción por parte de esta fuerza superior. El año 190 Teodoto fue excomulgado por el Papa Víctor I (189-199), pero éste continuó haciendo prosélitos y organizó una comunidad cristiana. Pablo de Samosata, hacia el año 250, defendió unas ideas semejantes. Según él Jesucristo es solamente un hombre en el que habitó el *Logos* impersonal, la virtud de Dios, de un modo más especial que en los profetas. Jesucristo sufrió según su naturaleza humana pero, gracias a la fuerza recibida, pudo hacer milagros.

El 'monarquismo' defendía una unidad en la Trinidad que destruía la distinción de personas. A esta unidad trinitaria la llamaban 'monarquía', en la que la misma naturaleza divina, con una forma o modo es el Padre; con otra el Hijo, y con otra el Espíritu Santo. Por esto también se les llamó modalistas. Los principales defensores de estas doctrinas fueron Noeto, hacia el año 170, y Práxeas más tarde. Sabelio, teólogo de origen romano, en el siglo II dio un nuevo impulso a esta corriente hablando de los distintos rostros (*prosopa*) de la Divinidad. Esta doctrina tomó entonces el nombre de 'sabelianismo', que fue condenada varias veces por los Concilios. Sabelio fue excomulgado* por el Papa Calixto I (217-222).

Coincidiendo con el reinado de Constantino se extendió por el norte de África el 'donatismo', doctrina que afirma que el valor de los sacramentos depende del estado de gracia del ministro. Pero la razón de fondo eran rencillas personales, pues al morir el obispo Mensurio el año 311, fue elegido Ceciliano, al que no aceptaron sus enemigos eligiendo primero a Magorino, pero al morir éste poco después, eligieron al que era su jefe Donato. La razón que esgrimían era que Ceciliano había sido ordenado por un obispo apóstata. Esta lucha, en forma de revolución callejera, duró durante todo el siglo IV. Poco a poco se fueron extinguiendo.

Mucho más peligrosa fue la herejía del 'arrianismo' producida por Arrio, natural de Libia. Al reaccionar éste contra el monarquismo, exageró la distinción entre el Padre y el Hijo, llegando a la conclusión de que el Hijo fue creado de la nada, tenía principio, era pura criatura, dotado de grandes excelencias, pero no era Dios. El patriarca de Alejandría, Alejandro, el año 321, en un sínodo, condenó esta doctrina y excomulgó a Arrio, que abandonó Egipto e hizo muchos adeptos en Palestina y posteriormente en Nicomedia lo que hizo conveniente convocar un Concilio. Así, el primer Concilio Ecuménico se realizó en Nicea el año 325, donde se propuso la expresión *homousion* (consustancial), afirmando que el Hijo era consustancial con el padre y que, por tanto, verdadero Dios como Él, eterno y sin principio. Esta fórmula fue proclamada en un símbolo especial que se llama 'símbolo de Nicea'.

La herejía llamada 'macedonianismo' pertenece al grupo de las llamadas trinitarias. Los *pneumatómacos* o macedonios negaban la divinidad del Espíritu Santo. El jefe de este grupo fue Eutanasio de Sebaste y no el obispo Macedonio. San Atanasio se opuso a esta doctrina en un sínodo del año 362 y esta doctrina fue condenada por el segundo Concilio Ecuménico, el primero de Constantinopla, el año 381. En este Concilio se publicó el símbolo llamado de San Epifanio, que es el credo de las celebraciones eucarísticas.

El 'apolinarismo' es una herejía cristológica. Apolinar de Laodicea (310-390) al reaccionar contra el arrianismo, insistió en la divinidad del Verbo, pero afirmaba que la naturaleza humana que tomó era incompleta. Para explicar esto se apoyó en la doctrina de Platón que distingue en el ser humano tres partes: el cuerpo, el alma sensible y el alma espiritual. En Jesucristo, según Apolinar, falta el tercer elemento, el *pneuma* (espíritu), pues según creía dos naturalezas completas no pueden formar una sola realidad y, por otra parte, si a Jesucristo no se le quita el pneuma humano, no podría ser impecable. El pneuma humana era sustituido en Jesucristo por el Logos divino. Por tanto, la naturaleza humana de Jesucristo no era completa.

El 'nestorianismo' surge como reacción contra los seguidores de Arrio en Antioquia. Parten de la idea de que dos naturalezas completas no pueden formar una persona. Este pensamiento lo defendió de una manera particular Nestorio, patriarca de Constantinopla, que, antes de ser ordenado obispo en el año 428, había sido monje. Para los nestorianos las dos naturalezas eran tan completas que formaban dos personas, la divina y la humana, unidas de una manera accidental. A esta unión la llamaban 'inhabitación' y la consideraban meramente extrínseca. Una de las consecuencias de esta concepción era que la madre de Jesús no era la Madre de Dios (*teotokos),* destruyendo también el valor infinito de la redención de Jesús, pues fue simplemente una persona humana la que sufrió. A esta doctrina se opuso San Cirilo de Alejandría, el Papa San Clemente I (422-432) en un sínodo de Roma el año 430 proclamó la doctrina católica de una sola persona en Jesucristo y el tercer Concilio Ecuménico de Efeso, el año 431, corroboró esta doctrina.

El emperador Teodosio II desterró a Nestorio a su convento inicial, cerca de Antioquia. Más tarde lo internó en el llamado desierto de Arabia y como desde allí seguía inquietando, se lo llevó al Alto Egipcio a una especie de prisión del Estado, desde donde escribió *Tragedia, Teopaschita* y el *Libro de Heráclides.* Los obispos que no aceptaron las fórmulas del Concilio formaron la Iglesia nestoriana que llega hasta nuestros días.

La escuela de Alejandría, para evitar el peligro del nestorianismo, defendía que era tan perfecta la unión de la humanidad con la divinidad en Jesucristo que formaban una sola naturaleza, lo que se ha denominado el 'monofisitismo'. Su principal defensor fue Eutiques (378-454), arximandrita de un monasterio cerca de Constantinopla, que tuvo mucha influencia, de ahí que al monofisitismo se le conozca también por el nombre de eutiquianismo.

El 'monotelismo' es una herejía que debe considerarse como un monofisitismo disimulado. Su difusor fue Sergio de Constantinopla. Según él, en Cristo existía una sola energía y una sola voluntad física, como resultado de la unión. Esta propuesta pretendía unir a los ortodoxos con los monofisistas. Contra esta herejía luchó hasta su muerte Sofonio, patriarca de Jerusalén. El Papa Martín I (649-655) condenó solemnemente esta herejía y a sus defensores, lo que le costó el martirio a causa de los sufrimientos cuando fue llevado a Oriente. La segunda víctima fue San Máximo el Confesor, quien defendió constantemente la ortodoxia*; fue desterrado y mutilado hasta que murió mártir. También hubo otros mártires.

14. El pelagianismo y el priscilianismo, herejías soteriológicas o de los medios de salvación

Pelagio y su amigo Celestio se encontraban en Roma hacia el año 410 proponiendo las ideas de lo que se ha venido a llamar el 'pelagianismo'. Afirmaban que el ser humano puede por si solo obrar el bien, no necesitando para ello el auxilio sobrenatural de la gracia. Como creían que no se transmitía por herencia el pecado de Adán, el ser humano tenía para ellos naturaleza perfecta.

Al entrar los visigodos en Roma el año 410, Pelagio y Celestio se trasladaron a Cartago, donde continuaron con sus enseñanzas. Más tarde Pelagio se trasladó a Oriente y Celestio permaneció en Cartago, donde San Agustín comenzó a intervenir en defensa de la gracia, defendiendo la necesidad absoluta de ésta para toda obra buena y para la perseverancia final. También San Jerónimo se dio cuenta de la herejía de Pelagio, cosa que puso de manifiesto en su obra *Comentario sobre Jeremías.* Finalmente el Papa Inocencio I (401-417) condenó por vez primera esta herejía.

Esta herejía rebrotó con los 'marselleses'. Nació en el célebre monasterio de San Victor de Marsella, extendiéndose más tarde al no menos célebre de Leríns, siendo su principal portavoz Juan Casiano, que disfrutaba de un gran prestigio. Partían de la base de que, para salvar la libertad del ser humano, debía depender de éste la decisión y primer impulso hacia la justificación, lo que denominaban *initium fidei.*

Contra este nuevo pelagianismo combatieron los escritores laicos Próspero de Aquitania e Hilario, que pidieron ayuda también a San Agustín, quien, ya anciano, publicó para impugnar esta doctrina las siguientes obras: *Sobre el don de la perseverancia* y *Sobre la predestinación de los santos.* Después de la muerte de San Agustín y de Juan Casiano, los marselleses continuaron predicando su doctrina durante todo el siglo V, hasta que el sínodo de Orange, del año 529, condenó en veinticinco cánones la doctrina de los pelagianos. Con la aprobación del Papa Bonifacio II (530-532), estos cánones obtuvieron el valor de doctrina de la Iglesia.

A mediados del siglo IV aparece Prisciliano al frente de un movimiento de personas íntimamente unidas, que se asemejan a las sectas gnósticas. Tenían sus reuniones secretas y sus prácticas misteriosas, llegando a atraer a muchos adeptos. El 'priscilianismo' profesaba un ascetismo especial, dividiendo a sus adeptos en tres clases, de las cuales los más perfectos poseían una especie de impecabilidad y proclamaban cierta inspiración interior. El Concilio de Zaragoza del año 380 condenó una serie de prácticas que parecen responder a los priscilianistas. Los obispos Instancio y Salviano, que pertenecían a este grupo, consagraron a Prisciliano obispo de Ávila. Más tarde el emperador Graciano desterró de España a Prisciliano, instalándose en Burdeos, donde un sínodo de esta ciudad, el año 384, emprendió un proceso contra esta doctrina. Prisciliano fue condenado a muerte por el tribunal del emperador.

15. El cisma de los donatistas fue el primer problema interior de la Iglesia que debió ocuparse el emperador Constantino

El emperador Constantino, unificando bajo su autoridad todo el mundo romano, aparece como una imagen terrestre de la monarquía divina. Manifestación visible de Dios sobre la tierra. Así, el emperador no se contenta con facilitar la reunión de concilios y apoyar con su autoridad la realización de sus decisiones. Es él mismo quien toma la iniciativa de convocarlos y quien escoge los problemas dogmáticos o disciplinarios que se deben tratar.

El cisma* africano de los donatistas, fue la más grave de las crisis locales suscitadas por las consecuencias de la persecución de Diocleciano, que el emperador debió de tratar. Los donatistas consideraban traidores a los obispos que, a consecuencia del primer edicto de Diocleciano habían entregado los Libros Santos a los magistrados que efectuaban registros en las iglesias. El problema surgió cuando el año 312 se eligió al archidiácono Ceciliano para la sede de Cartago, que despertó la oposición de un partido local de tendencia más rigorista. Los oponentes negaban la validez de la consagración episcopal de Ceciliano, debido a que uno de los tres obispos consagrantes, Felix de Apthungi, era considerado culpable de traición. Contra Ceciliano fue elegido otro obispo al que poco después sucedió, por traslado, el gran Donato, hombre enérgico y activo que fue el verdadero organizador de la Iglesia cismática a la que la historia ha dado su nombre.

Los donatistas atribuían tal gravedad al crimen de traición que el simple hecho de estar en comunión con uno de estos culpables bastaba para contraer la misma mancha, para convertirse a su vez en apóstata*, indigno del nombre cristiano. Todos los sacramentos dados o recibidos por los traidores eran considerados nulos: los donatistas rebautizaban a los católicos que, por propia voluntad o por la fuerza, entraban en sus filas. Así el cisma se propagó como mancha de aceite; y no solamente en Cartago, sino también en un gran número de sedes episcopales de África se vio alzarse obispo contra obispo, llegando a enfrentarse dos jerarquías paralelas, 'la iglesia de los santos' contra la de los traidores, donatistas contra católicos.

La iglesia cismática se creía una 'iglesia de santos', sin compromisos de ninguna clase con el siglo, ya se tratase del emperador perseguidor, ya de la Iglesia Universal comprometida con sus traidores. Los donatistas pretendían que sólo tenían validez los sacramentos administrados por un justo. De esta manera se consideraban santos en oposición a los cristianos que eran 'hijos de pecadores'.

Los donatistas transformaron su campaña en una revolución callejera. Su violencia y su virulencia se explican en parte por la oposición social entre los labradores beréberes pobres y los colonos romanos ricos. Se iniciaron contra estos medidas de rigor alternadas con otras de blandura, pero ni una ni otras consiguieron nada. El año 411, el emperador Honorio reunió una gran conferencia en la que se enfrentaron por última vez los dos partidos y en la que san Agustín, en las filas católicas desempeñó un papel de primer orden, siendo declarados los donatistas fuera de la ley. Pronto, el año 429 llegaron los vándalos e invadieron el África romana y los donatistas, poco a poco, se fueron extinguiendo. Con todo, la secta subsistió hasta la invasión de los árabes.

16. La Iglesia ha ido resolviendo, mediante asambleas o concilios, las cuestiones debatidas

Durante la segunda mitad del siglo II la Iglesia fue resolviendo, mediante asambleas, temas como la unificación de la fiesta de Pascua, o el canon de los libros bíblicos, tomando conciencia, a la vez, de la necesidad de reunir a todas las Iglesias, a través e sus representantes, los obispos, para resolver los problemas comunes.

Durante el siglo III y principio del IV los concilios se fueron considerando una cosa normal dentro de la Iglesia, especialmente en tiempos de crisis. Por ejemplo en la provincia de Capadocia hacia el año 250 se tenía por costumbre hacer un concilio cada año. Y a partir del *Edicto de* Milán, lo que cambió fue la posibilidad de dar al concilio un carácter ecuménico, del griego *oikoumen,* 'el mundo habitado', y un carácter de ley imperial a las decisiones conciliares. Así, cuando fue necesario clarificar la doctrina sobre la persona de Jesucristo, las formulaciones definitivas se establecieron en dos de los más destacados concilios ecuménicos de la Iglesia, el de Nicea en el 325, y el de Calcedonia en el 451, en los que se acuñaron las doctrinas de la doble naturaleza de Jesucristo, forma aún aceptada por muchos cristianos.

El primer Concilio Ecuménico fue el de Nicea, ciudad de la antigua Bitinia, hoy Iznik, Turquía, se celebraron dos concilios. El primer concilio ecuménico fue el de Nicea, convocado el año 325 por el emperador Constantino para contrarrestar la herejía arriana y procurar reafirmar la unidad de la Iglesia, seriamente quebrantada por la disputa surgida en torno a la naturaleza de Jesucristo. Presidido por el Papa Silvestre I, acudieron a la convocatoria 318 obispos de los 1.800 obispos censados en el Imperio romano. Allí se propuso la expresión *homousion,* consustancial, afirmando que el Hijo es consustancial con el Padre y no creado de la nada como defendía Arrio. Esta fórmula fue proclamada en un símbolo especial, el Credo de Nicea, que fue adoptado como postura oficial de la Iglesia con respecto a la divinidad de Cristo. También fue fijada la celebración de la Navidad[9] y la Semana Santa el domingo después de la Pascua judía, y garantizada la autoridad del obispo de Alejandría. En esta última concesión se asienta el origen de los patriarcados.

El segundo concilio ecuménico fue el de Constantinopla, convocado por el emperador romano de Oriente, Teodosio I el Grande, el año 381, en unión con el Papa Dámaso. Asistieron 150 obispos, que condenaron la doctrina de Apolinar de Laodicea, quien, reaccionando contra el arrianismo, insistía en la divinidad del Verbo, pero afirmaba que la naturaleza humana que tomó era incompleta. Publicaron el símbolo llamado de san Epifanio, que es el Credo de la Misa, y ratificaron el segundo puesto que ocupaba el patriarca de Constantinopla en el orden jerárquico de la Iglesia, tras el Papa.

17. El monacato empezó en Egipto en el siglo III y luego se extendió por el resto del Imperio

Los Padres de la Iglesia coinciden en afirmar que el verdadero fundador del monacato fue el Señor, Elías, Eliseo, Juan Bautista y otras grandes figuras del Antiguo Testamento, así como el monacato judío, representado por el monasterio esenio de Qumrân, que pueden considerarse precursores de los monjes. Pero el monacato cristiano surge de la doctrina y del ejemplo de Cristo, quien, antes de iniciar su vida pública, se retiró al desierto, pasando por las pruebas de las tentaciones. Buscó la soledad de los montes para orar a su Padre y practicó el más absoluto desprendimiento de los bienes de este mundo. Los solitarios antiguos conocían muy bien las Escrituras, descubriendo en estas el gran tema del desierto, que ocupa un puesto central en la historia y en la misma formación del pueblo escogido. San Jerónimo (347-419) escribió la vida de los anacoretas Pablo, Hilario y Malcus. De Pablo de Tebas nos dice que fue el primer

9 Recuadro Nº 8: La celebración de la Navidad

ermitaño que fue al desierto, motivado por la persecución de Decio (249-251)[10], pero que después eligió permanecer allí hasta su muerte. Este emperador emprendió una batalla abierta contra el cristianismo, pues se consideraba al cristianismo como un peligro para el estado y como incompatibles con él. Decio era hombre de grandes cualidades y se propuso dar al Imperio su antiguo esplendor. Trató de restablecer el culto pagano, y como los cristianos se oponían a él, les declaró a guerra. Publicó un edicto general contra ellos. La persecución fue general y verdaderamente sangrienta. Una de entre las muchas víctimas fue el Papa San Fabián (236-250) En realidad Decio no obtuvo lo que deseaba, a lo que contribuyó a su pronta muerte. El emperador Valeriano (253-260) en un principio se mostró tolerante, pero el año 257 resucitó la persecución. Si esto fue realmente así, contradice la opinión que afirma que el monacato surgió como el deseo de huir de una vida demasiado fácil en el seno de la *pax constantiniana*[11].

La forma más primitiva del monaquismo cristiano surgió en Egipto y fue la de los eremitas, que se retiraban al desierto para llevar una vida de pobreza, castidad y piedad, El más famoso eremita fue san Antonio, discípulo e Pablo de Tebas, que se estableció en Alejandría. Su fama de santidad, al igual que su serenidad y su sabiduría, atrajeron a muchos discípulos. Poco después, sin embargo, como la propia vida en el desierto presentaba grandes dificultades corporales y espirituales, los primitivos eremitas tenían una serie de celdas separadas llamadas *laura,* a las cuales podían retirarse después de haber cumplido sus obligaciones comunitarias. De la unión de la vida comunitaria con la soledad personal se deriva el nombre de cenobita, del griego, *koinos bios,* que significa 'vida común'. El primer organizador de este modo de vida fue san Pacomio, quien, fundó el primer monasterio en Tabenesi el año 320, y, a mediados del siglo IV, escribió una 'regla monástica' u organización de vida. El mismo fundó una comunidad semejante para mujeres bajo la dirección de su hermana. Los cenobios

10 Cfr. JERONI, *Vida de Pau, primer ermità,* Barcelona, 1993
11 Cfr. M. GARCIA COLOMBAS, *El monacato primitivo*, Madrid, 1974, 27-31

reconocieron la autoridad de un solo superior, un abad o archimandrita. Durante el siglo III hay una extraordinaria expansión del monaquismo que se extendió ampliamente por todo el Oriente, gracias a la estructuración de san Basilio, hombre de gran experiencia, que redactó n código de vida monacal para una vida santa, quedando consolidado de este modo el monaquismo en Oriente..

La forma cenobítica de monaquismo fue introducida en primer lugar en Occidente en Roma y el norte de Italia por san Atanasio, en el norte de África por san Agustín de Hipona, y entró y floreció en el sur de las Galias, entre el siglo IV y V, gracias a san Martín de Tours. La regeneración religiosa que efectuará en el siglo VI san Benito de Nursia aportará al monaquismo occidental su forma permanente.

VOCABULARIO

- APOSTASÍA: En sentido estricto, la apostasía designa el abandono de la fe por un fiel bautizado. Este abandono puede hacerse ya por el paso a una religión no cristiana, ya por la profesión de doctrinas contrarias a la fe, como el ateísmo, el materialismo, etc.
- BAUTISMO: El sacramento de entrada en la Iglesia cristiana. Entrando en el agua y purificándose en nombre de la Trinidad, se simboliza la identificación de la persona con la muerte y resurrección de Cristo, muriendo al pecado y resucitando a una vida nueva. En el caso del bautismo de los niños, los padres y padrinos hacen las promesas por ellos en vistas a una futura confirmación, que es otro de los siete sacramentos de la Iglesia.
- BAUTIZO CLÍNICO: Cristianos que se hacían bautizar en el momento de la muerte o en edad muy avanzada, ya fuese por miedo a las persecuciones o para eludir la austeridad que comportaba el ser cristiano. Esta práctica fue condenada por el Concilio de Neocesarea (314-326)
- CESAROPAPISMO: Régimen por el que el Estado, sobre todo n la figura del emperador, intervenía en la vida interna e la Iglesia. Los emperadores consideraban competencia suya poner orden en los asuntos eclesiásticos, arrogándose un amplio poder en los concilios e interviniendo en las controversias doctrinales.
- CISMA: Es un acto de separación de la comunión eclesial. Del griego *skhisma*, que significa desgarradura, la palabra ha sido tomada durante mucho tiempo como un simple sinónimo de herejía. Hoy se la distingue de ésta, llamando cisma a toda división de la unidad católica aun cuando no implique directamente error doctrinal, que es lo que la haría propiamente herética. Así, la herejía es

un sistema o doctrina teológica diferente y que se rebela contra el profesado por la Iglesia Católica, mientras que el cisma es el acto por el cual una persona o comunidad se separa de la comunión eclesial o rechaza algunos de los elementos esenciales, por ejemplo, recibir algunos de sus sacramentos, en particular la eucaristía, símbolo principal de la comunión eclesial. Históricamente se ha presentado el cisma como el rechazo a aceptar la autoridad del obispo de Roma. El Derecho Canónigo considera un delito el acto de separarse de la Iglesia Católica y sanciona este acto con la excomunión.

- CONCILIO: Reunión de los pastores de la Iglesia para legislar o decidir sobre problemas eclesiásticos generales. Los concilios, según su ámbito de importancia pueden ser universales o ecuménicos, nacionales y regionales. Los concilios provinciales y diocesanos suelen llamarse sínodos, sinónimo también utilizado para los concilios más generales.
- DIÁCONO: Ministro de la Iglesia cristiana. La palabra significa 'servidor', y las funciones del diácono incluían también originariamente la distribución de las limosnas a los pobres. En los *Hechos de los* Apóstoles a estos siete colaboradores de los apóstoles se les denomina por su tarea: *diakonéin* que quiere decir 'servir' (6,2). Se les otorga esta misión gracias a la oración y la imposición de manos de los apóstoles. Uno de ellos, Esteban, es protagonista de la controversia cristológica con los judíos; lo que le condujo al martirio. Felipe predica entre los samaritanos.
- EUCARISTÍA: Significa 'acción de gracias'. Acto central del culto cristiano, instituido por Jesucristo en la noche anterior a su muerte. Para los católicos romanos consiste en la transformación del pan y del vino en el cuerpo y en la sangre de Cristo, en su ofrenda sacrificial al Padre y en su asunción en el momento de la comunión.
- EPICUREISMO: Doctrina que se propone la búsqueda del placer. Epicuro, filósofo griego del siglo III a. C. consideraba el placer como objetivo de la vida y la única felicidad. Este hedonismo se veía matizado por un ideal ético que enseña a renunciar a los placeres inferiores que puedan ser la causa del dolor, y procurar los goces que den tranquilidad al espíritu. Para alcanzar esto trató de suprimir el temor a los dioses y a la muerte.
- ESCEPTICISMO: Duda e incredulidad respecto a la verdad o eficacia de algo. En filosofía es la doctrina que pone en duda la posibilidad del conocimiento objetivo de las cosas.

* ESCOLÁSTICA: El término escolástica, del latín *schola*, que quiere decir 'escuela' es a veces sinónimo de 'pensamiento medieval' en general. Este término indica la filosofía y la teología que se enseñaban en las *scholae* medievales, desde el renacimiento carolingio hasta el siglo XIV, en la variedad de sus expresiones históricas, siempre dentro de la aceptación común de la fe cristiana.

- ESTOICISMO: Doctrina filosófica de la escuela estoica que educa en el fomento de la propia fortaleza o dominio de la propia sensibilidad frente a la desgracia. El estoicismo surgió en el siglo IV a.C. gracias a Zenón de Cito y se extendió hasta Marco Aurelio en el siglo II d.C. Su vertiente ética fue asumida por el cristianismo, pues su ideal es vivir según la virtud, es decir, vivir según la naturaleza, según la razón, de manera que el ser humano cree armonía y se resigne ante todo aquello que no depende de uno mismo, permaneciendo impasible, lo que no impide que critique y transforme la sociedad en lo que depende de él.

- EXCOMUNIÓN: Censura que excluye a un fiel de la comunión eclesial y sacramental. El derecho canónigo distingue la excomunión *latae sententie*, que se aplica por el solo hecho de cometer una falta determinada prevista por los cánones, y la excomunión *ferendae sententie*, que requiere un juicio previo.
- FANATISMO: Defender con celo excesivo creencias u opiniones religiosas
- FARISEO: Miembro de una secta judía caracterizada por su piedad, austeridad y rigor en el cumplimiento de la ley divina.
- GNOSTICISMO: Doctrina filosófica y religiosa de los primeros siglos de nuestra era, que mezclaba creencias cristianas con judías y orientales, que se dividió en varias sectas y pretendía tener un conocimiento intuitivo y misterioso de las cosas divinas.
- LEY NATURAL: Fuerza que hace crecer las cosas en la tierra, mantiene la cohesión de la mezcla del mundo mediante una especie de tensión, rige el cosmos con su ley necesaria y hace que se cumpla inexorablemente el destino de todas las cosas.
- MANIQUEÍSMO: Religión fundada por Mani o Manés en Persia, en el siglo III d.C., que se difundió ampliamente de forma progresiva por Asia menor, por todo el imperio romano, por China y Asia central. Su doctrina se asienta en la coexistencia de los dos principios antagónicos el bien y del mal. Mani unió elementos tomados de Zoroastro y de Buda a un fondo cristiano, admitiendo l lucha eterna de estos dos principios simbolizados por la luz y las tinieblas. Los cátaros europeos fueron un rebrote de las ideas maniqueas en Europa.
- MONTANISMO: Es un amplio movimiento herético que surgió por iniciativa de Montano de Frigia, a mediados el siglo II, marcado por una fuerte conciencia profética, transmitiendo n espiritualismo radical de fondo escatológico y un rigorismo oral ultranza.
- ORTODOXIA: Literalmente significa opinión recta. Esta palabra se aplica tradicionalmente en la Iglesia a la profesión de la fe cristiana auténtica, tal como la Iglesia la enseña y la define, por oposición a las opiniones heréticas o erróneas.
- PECADO GRAVE: El pecado grave se llama mortal en cuanto mata en el alma la vida de la gracia, o en cuanto sería capaz de destruirla si esta gracia existiera. El pecado venial es también, en cierta medida, contrario a la vida de la gracia, más no llega a suprimirla.
- PLATONISMO: Escuela y doctrina de Platón. Sus teorías fundamentales son las de las ideas, que coloca en un mundo aparte, el de las almas, la del estado perfecto, la del demiurgo u ordenador, etc.
- SECTA: Este término no tiene ninguna connotación peyorativa. Cuando de un grupo mayor surge otro menor, a este se le denomina secta del mayor. Otra cosa es cuando a un grupo se le denomina 'secta destructiva', pues hace referencia a la destrucción de la personalidad de los miembros

que forman dicho grupo en beneficio del líder que, gracias a la manipulación psicológica de la voluntad de los adeptos, obtiene dinero y poder.

- SETENTA: Es la traducción del Antiguo Testamento en griego. El nombre de Setenta procede de la leyenda según la cual setenta y dos judíos (seis de cada tribu) habrían hecho la traducción en setenta y dos días. En realidad el Pentateuco se tradujo alrededor del año 250 a. C. Los demás libros se fueron traduciendo poco a poco hasta quedar concluida la traducción hacia el año 150 a. C.
- SIMONÍA: Compra y venta de cosas sagradas. El nombre viene del pecado de Simón el Mago y pretende la adquisición de un bien espiritual como la gracia, los sacramentos, la jurisdicción eclesiástica, una prebenda, una ordenación etc., a cambio de un precio temporal, como dinero, presentes u otras ventajas como protección, recomendación etc. La Iglesia considera a la simonía como una profanación y considera nulas todas las nóminas y convenciones simoníacas, así como el sacerdocio obtenido por simonía.
- TEOLOGÍA: Ciencia sagrada que ordena el conjunto de verdades de fe en una síntesis racional, a partir de las verdades sobrenaturales recibidas por revelación, en oposición a las verdades sobre Dios que pueden ser alcanzadas por las solas fuerzas de la razón.

RECUADROS

Nº 1 La representación simbólica de los cuatro evangelistas:

Tradicionalmente se le ha dado a cada evangelista un símbolo, como puede apreciarse en este fragmento del *Pontifical de Chartres*, de principios del siglo XIII, que dice así: "*Los atributos asociados a las representaciones de los evangelistas en el arte cristiano pueden considerarse válidos para los mismos evangelistas. El ángel o el ser humano se atribuye a san Mateo; el león, a san Marcos,; el toro a san Lucas y el águila, a san Juan; esta asignación de atributos se remonta a una visión descrita en el Apocalipsis de san Juan.*

Los símbolos de los evangelistas se interpretaron siempre en relación con Cristo: Cristo se hizo humano con su nacimiento, murió como un toro sacrificado, se levantó de la tumba como un león y ascendió a los cielos como un águila. Posteriormente se generalizó otra interpretación, refiriéndose al ser humano, frecuentemente con alas, de san Mateo al árbol genealógico de Jesús y a su nacimiento, con el que comienza el evangelio de san Mateo; el león de san Marcos se entendió como una referencia al principio del evangelio de san Marcos, que relata la predicación de san Juan Bautista en el desierto; el toro, como víctima propiciatoria, de san Lucas se interpretó como indicación del principio del evangelio de san Lucas, que comienza con el sacrificio de Zacarías, y, finalmente, el águila de san Juan significaba la altura espiritual del evangelio de este apóstol".

Nº 2 Los Símbolos de la fe:

La palabra griega *symbolon* significaba la mitad de un objeto partido, por ejemplo un sello, que se presentaba como una señal para darse a conocer. Las partes rotas se ponían juntas para verificar la identidad del portador. El 'símbolo de la fe' era, pues, un signo de identificación y de comunión entre los creyentes. *Symbolon* significa también recopilación, colección o sumario. Desde su origen, la Iglesia apostólica expresó y transmitió su propia fe en fórmulas breves y normativas para todos. Pero muy pronto, la Iglesia quiso también recoger lo esencial de su fe en resúmenes orgánicos y articulados destinados sobre todo a los candidatos al bautismo. A estas síntesis de la fe o 'profesiones de fe' también se las llama 'Credo', por razón de que en ellas la primera palabra es normalmente 'creo'. Se les denominaban igualmente 'símbolos de la fe', o recopilación de las principales verdades de la fe.

Entre todos los símbolos de la fe, dos ocupan un lugar muy particular en la vida de la Iglesia: a) El *Símbolo de los Apóstoles*, llamado así porque es considerado con justicia como el resumen fiel de la fe de los apóstoles y era el antiguo símbolo bautismal de la Iglesia de Roma.

b) El *Símbolo llamado de Nicea-Constantinopla* que debe su autoridad al hecho que es fruto de los dos primeros Concilios ecuménicos (325 y 381) y sigue siendo el símbolo común a todas las Iglesias de Oriente y Occidente.

Nº 3 Resolución del Concilio de Jerusalén:

"*Los hermanos apóstoles y los hermanos responsables saludan a los hermanos de Antioquia, Siria y Cilicia procedentes del paganismo. Nos hemos enterado de que algunos de aquí, sin encargo nuestro, os han alarmado e inquietado con sus palabras. Hemos decidido por unanimidad elegir a algunos y enviároslos con nuestros queridos Bernabé y Pablo, hombres que han dedicado su vida a la causa de nuestro Señor, Jesús Mesías. En vista de lo cual mandamos a Silas y a Judas, que os referirán lo mismo de palabra. Porque hemos decidido, el Espíritu Santo y nosotros, no imponeros más cargas que las indispensables: abstenerse de carne sacrificada a los ídolos, de sangre, de animales estrangulados y de uniones ilegales. Haréis bien en guardaros de todo eso. Salud*" (Hch 15, 23-29)

Nº 4 La conversión de Pablo:

"*Saulo, respirando aún amenazas de muerte contra los discípulos del señor, fue a ver al sumo sacerdote y le pidió cartas para las sinagogas de Damasco, autorizándolo a llevarse detenidos a Jerusalén a todos los que seguían aquel camino, hombres y mujeres. En el viaje, cerca ya de Damasco, de repente una luz celeste relampagueó en torno a él. Cató a tierra y oyó una voz que le decía: - Saulo, Saulo, ¿por qué me persigues?. Preguntó él: -¿Quién eres, Señor? Respondió la voz: - Soy Jesús, a quien tú persigues. Levántate, entra en la ciudad y allí te dirán lo que tienes que hacer*" (*Hch* 9, 1-6)

Nº 5 La comunidad cristiana de Antioquia:

Esta comunidad fue fundada por los cristiano-helenistas que huyeron de Jerusalén después del martirio de Esteban, siendo la primera que se sacudió el yugo de la ley mosaica. Sin duda porque allí no podía imponerse como una ley civil y, también, por las exigencias ineludibles de la evangelización de los pueblos paganos. Los cristianos de Antioquia pensaban que para entrar los gentiles en la nueva iglesia no era necesario hacerles dar un rodeo por el judaísmo. La ciudad de Antioquia pasó a ser pronto la metrópoli de los cristianos y el centro de irradiación del evangelio. De allí saldría Pablo para hacer sus viajes por todos los grandes centros comerciales y culturales de la cuenca mediterránea desde Siria hasta los 'confines de occidente'. Parece ser que Pablo llegó a España, como lo asegura una carta de Clemente Romano de finales del siglo I; pero lo que si es cierto es su voluntad expresa de hacer ese viaje, como lo expresa en *Rom* 15, 24-28, siendo probable que tuviera ocasión de realizarlo.

Nº 6 Las misiones de Pablo:

Primer viaje misionero (45-49)

Antioquía-Chipre-Antioquía de Pisídia-Berbe-Antioquía

Segundo viaje misionero (50-53):

En el segundo viaje Pablo lleva por compañero a Silas. Salen de Antioquía, esta vez por tierra. Atraviesan las regiones de Siria y Cilicia, llegando al sur de Galacia y visitan las comunidades cristianas fundadas en el primer viaje. En la ciudad de Listra se les une Timoteo. Pablo, enfermo, predica el Evangelio.

Recorren las regiones de Frigia y Misia. Parece ser que en la ciudad de Tróade se les une Lucas. En esta ciudad Pablo tiene una visión. Iluminado por eL Espíritu, pasa a Europa. En la región de Macedonia funda las iglesias de Filipos, Tesalónica y Berea. En la primera sufrió prisión y fue azotado. De Berea pasa a Atenas, donde dirige la palabra a filósofos epicúreos y estóicos, reunidos en el areópago, el tribunal superior de la antigua Atenas, pero aquellos no respondieron a la voz del apóstol (*Hch*_17, 16-34)

Pablo llega a Corinto, una de las ciudades más importantes del mundo mediterráneo por aquel tiempo. Le acogen Aquila y Priscila, un matrimonio judeo-cristiano recién expulsado de Roma por el edicto del emperador Claudio. En Corinto permanece año y medio predicando el Evangelio de Jesús. Muchos judíos y griegos se convierten. Antes de regresar por mar a Antioquía escribe Pablo, desde Corinto, dos cartas a los cristianos de Tesalónica. Son los primeros escritos del Nuevo Testamento. Tercer viaje misionero (54-58):

Efeso, capital de Asia Menor, es su centro de operaciones, donde logra establecer una comunidad cristiana sólida.. En esta ciudad permanece alrededor de tres años. Desde ella escribe la carta a los cristianos de Galacia y probablemente a los de la comunidad de Filipos. En la primavera del año 57 le llegan noticias alarmantes de Corinto. Empiezan las dificultades entre los cristianos de aquella iglesia. Les dirige varias cartas. A causa de una sedición promovida contra él por la avaricia del platero Demetrio, tuvo que marchar rumbo a Macedonia, Tróade, Mileto y finalmente Cesarea de Palestina.

Nº 7 Comunidad de bienes:

"*En el grupo de los creyentes todos pensaban y sentían lo mismo: lo poseían todo en común y nadie consideraba suyo nada de lo que tenía. Los apóstoles daban testimonio de la resurrección del Señor Jesús con mucha eficacia; todos ellos eran muy bien mirados, porque entre ellos ninguno pasaba necesidad, ya que los que poseían tierras o casas las vendían, llevaban el dinero y lo ponían a disposición de los apóstoles; luego se distribuía según lo que necesitaba cada uno*" (*Hch* 4, 32-35)

Nº 8: Los escritores apologistas

Los *apologistas* son escritores de los comienzos del cristianismo cuyo objetivo es salvaguardar la supervivencia del cristianismo frente a las hostilidades a que se ve sometido en esta época. Tres son los grupos de personas a los que tienen que enfrentarse: a) los judíos, que rechazan de plano el mensaje de Jesús y el Evangelio; b) algunos cristianos que pretenden desvirtuar la doctrina y, sobre todo, c) los filósofos oficiales del Imperio, que justifican desde su posición la persecución por parte de los emperadores.

Sus luchas van, pues, en direcciones distintas pero todas intentan poner de manifiesto el derecho de los cristianos a demostrar, como los demás, sus propias teorías; más aún, que el cristianismo se encuentra en disposición de descubrir y concebir la verdad de una forma más categórica que las demás filosofías, por lo que no tienen sentido las objeciones hechas por estas filosofías al cristianismo; por último, que el contenido doctrinal de éste sobre Dios, la materia, las ideas y el Universo, es superior al que ofrece la filosofía no cristiana.

Nº 9: La celebración de la Navidad

La Navidad comenzó a celebrarse en la cristiandad n el siglo IV. Los *Evangelios* no hacen ninguna referencia la fecha del nacimiento e Jesús. ¿Cómo es que se celebra el 25 de diciembre? Fue una reacción del joven cristianismo para vencer al paganismo y, al mismo tiempo, asimilarlo. Por esas fechas se celebraba al dios Mitra, una antigua divinidad persa ue aparece por todo el Mediterráneo en los siglos que bordean el nacimiento de Jesús. La celebración dl dios pagano consistía, como es propio de una sociedad agrícola, en visualizar religiosamente el solsticio de invierno; es decir la renovación de la naturaleza que se manifiesta en un sol que, al crecer, va dando vida al mundo. Desde 1 solsticio todos los días estantes, hasta el siguiente solsticio, serán más largos. Es la vida cíclica que recoge 1 calendario. Y es Cristo convertido ahora en el Sol de Justicia, quien suplantará a Mitra, el Sol, Invicto. Pronto todas las Iglesias aceptarán el cambio y así permanecerá hasta nuestros días.

SÍNTESIS HISTÓRICA-I

SIGLO I

Primera mitad:

La persecución de los cristianos helenistas en Jerusalén acelera la expansión de la Iglesia fuera del territorio judío

Desde Antioquia, san Pablo inicia sus viajes de evangelización por Asia Menor y Grecia, fundando nuevas comunidades o afianzando las que había. Igualmente, otros cristianos se aventuran a llevar el mensaje hasta Roma, capital del imperio. La introducción del mensaje cristiano se realiza a través de las comunidades judías de la diáspora. De esta manera se introduce en las principales ciudades del Imperio romano.

Segunda mitad:

64 - El emperador Nerón incendia Roma. Desencadena una persecución contra los cristianos, a quienes culpa del incendio. Mueren Pedro y Pablo ejecutados en Roma.

70 - Termina la guerra judía. Tito toma Jerusalén y destruye el templo. La comunidad judeo-cristiana de Jerusalén se dispersa.

81-96 - Bajo el imperio de Domiciano se producen algunas persecuciones en Asia Menor. En este ambiente surge el libro del *Apocalipsis.*

SIGLO II

Primera mitad:

98-117 - Durante el imperio de Trajano se produce alguna persecución local provocada por el pueblo. Norma del emperador: No se ha de buscar a los cristianos, pero si son denunciados y se niegan a abjurar, conviene condenarlos. Martirio de san Ignacio de Antioquia.

Continúa la expansión y consolidación de comunidades. De esta época son los llamados 'Padres apostólicos' por su conexión con la época de los apóstoles y su tradición. Son: San Clemente de Roma, tercer sucesor de san Pedro (90-99), san Ignacio de Antioquía y Policarpo de Esmirna, conectados con la tradición de san Juan.

También de este tiempo es el escrito anónimo llamado *Didajé o Doctrina de los apóstoles* y la obra de un tal Hermas, titulada *El Pastor.* Estos escritos y los do los Padres apostólicos son muy importantes para conocer la vida de la Iglesia primitiva.

Segunda mitad:

161-180 Bajo el emperador Marco Aurelio, en algunos lugares los cristianos son utilizados para los espectáculos cruentos de las fiestas paganas. Martirio de san Justino y mártires de Lyon.

Los cristianos son vistos por los romanos como secta extraña, entregada a supersticiones y prácticas ocultas y peligrosas. Empiezan a aparecer en las comunidades escritores cristianos que pretenden enseñar a la gente en qué consiste verdaderamente el cristianismo, defendiéndolo de esas falsas acusaciones. El más importante fue san Justino. Al mismo tiempo aparecen ya algunas herejías o falsas interpretaciones del *Evangelio* que llevarán a algunos grupos a separarse de la auténtica tradición. En la discusión contra las herejías se destaca san Irineo de Lyon.

De influencia de la cultura griega en la Iglesia de Alejandría tenemos a san Clemente de Alejandría y, posteriormente, Orígenes. De la influencia de la cultura latina en la Iglesia de Cartago, destacan los escritos de Tertuliano, teólogo apologista que acabó siendo montanista y rompió con la Iglesia (21 l)

SIGLO III

Primera mitad:

202 - Edicto de Septimio Severo prohibiendo la difusión del cristianismo. Se persigue a los catecúmenos y catequistas. Quizá está motivado por el movimiento de exaltación montanista, que esperaba la venida inminente de Cristo. Los montanistas buscaban ser martirizados, condenaban el matrimonio y exaltaban la virginidad.

El siglo III es una etapa importante para la expansión de la Iglesia en Occidente: norte de Italia, Galia, Hispania, etc. Se incrementa el uso del latín en la liturgia, aunque el griego sigue siendo la lengua oficial.

Roma y Cartago son los focos principales de la difusión del Evangelio. Es muy probable que el cristianismo se introdujera en España por el norte de África.. El primer escrito que tenemos testimoniando s una mínima organización de la Iglesia en España es, precisamente, una carta del concilio de Cartago, enviada el año 254, firmada por san Cipriano y otros treinta y seis obispos, dirigida al presbítero Félix y a los fieles de León, Astorga y Mérida. En ella se menciona también a los de Zaragoza.

La Iglesia pasa a ser la primera fuerza espiritual del Imperio.

El obispo y la Iglesia de Roma afianzan su autoridad sobre las demás Iglesias.

Segunda mitad:

Período de persecuciones oficiales y generalizadas.

250 - Decio publica un edicto obligando a todos los ciudadanos a que participen en un sacrificio público a los dioses. Los cristianos se oponen y se inician las ejecuciones. Persecución de Valeriano. Se dirige, sobre todo, contra los eclesiásticos de alto rango, con el fin, también, de confiscarles los bienes si no apostataban. El cristianismo se había introducido ya entre la clase dirigente y la aristocracia.

260 - Paz de Galieno. Se reconocen los derechos de los cristianos.

SIGLO IV

Persecución de Diocleciano, que fue la más importante de todas. En un año el emperador promulgó cuatro decretos de persecución. En España hubo también muchos mártires: Justa y Rufina en Sevilla,. santa Engracia y otros mártires en Zaragoza, san Vicente en Valencia, los niños Justo y Pástor en Alcalá de Henares, etc.

Constantino. Punto clave en la historia de la Iglesia.

313 - Edicto de Milán: Reconocimiento del derecho de los cristianos al culto público. A partir de este momento el emperador va dando privilegios a la Iglesia. Aparecen las primeras basílicas en Roma. Expansión del cristianismo en las zonas rurales y. fuera de las fronteras del Imperio: Armenia, el Cáucaso. Etiopía, Germania.

Aparición el monacato.

Época de los grandes concilios ecuménicos, donde se fija el dogma sobre Cristo y el credo de la Iglesia. Concilio de Nicea contra Arrio.

381 - Primer concilio de Constantinopla.

Escritos de los santos Padres.

SIGLO V

Tras la muerte de Teodosio el año 395, el Imperio queda definitivamente dividido en dos. En Occidente comienzan las invasiones bárbaras.

431 - Concilio de Éfeso contra Nestorio.

451 - Concilio de Calcedonia donde se fija el dogma sobre Cristo.

476 - Extinción del Imperio romano de Occidente. A partir de este momento se acentúan las diferencias entre 1a Iglesia de Oriente y la de Occidente.

MATERIAL DIDÁCTICO

1. Manifestaciones pictóricas

ALLEGRI, A., *San Jerónimo,* Academia de San Fernando de Madrid.

LISSANDRINO, *Capítulo de monjes,* Academia de San Fernando de Madrid.

RAFAEL, *San Pedro predicando en Atenas,* La National Gallery.

VAN DER WEYDEN, R., *San Lucas retrata a la Virgen,* El Ermitage.

EL GRECO, *San Pedro y San Pablo,* El Ermitage.

LIPPI, F., *Visión de san Agustín,* El Ermitage.

ROBERT, H., *El incendio de Roma,* El Ermitage.

DURERO, A., *El Apóstol Santiago,* Los Uffizi; *Cuatro Apóstoles,* La Alte Pinakothek.

PONTORMO, *Cena en Emaús,* Los Uffizi

PACHER, M., *Retablo de los Padres de la Iglesia,* La Alte Pinakothek.

FRA ANGÉLICO, *Los santos Cosme y Damián,* La Alte Pinakothek

RENI, G., *El Evangelista San Mateo y el ángel,* La Pinacoteca Vaticana..

VASARI, G., *Lapidación de San Esteban,* La Pinacoteca Vaticana.

VAVARINIO, A., *San Antonio Abad, ocho santos y Jesucristo,* La Pinacoteca Vaticana.

VERONÉS, *Santa Elena,* La Pinacoteca Vaticana.

MARTORELL, B., *Martirio de Santa Eulalia,* El Museo Nacional de Arte de Cataluña.

RIBERA, J., *San Andrés,* Musées Royaux des Beaux-Arts, Bruselas.

2. Manifestaciones cinematográficas:

WYLER W., *Ben-Hur.*

SCOTT, R., *Gladiator.*

LE ROY M., *Quo Vadis.*

3. Lecturas:

RUIZ BUENO, D., *Padres Apologetas griegos* y *Padres Apostólicos* BAC, Madrid 1979.

AGUSTIN, S., *Obras,* BAC, Madrid 1945-49, 6 Vol.

II. MIGRACIÓN Y EVANGELIZACIÓN DE LOS PUEBLOS BÁRBAROS

1. Crecen las diferencias entre la cristiandad oriental y occidental

Con la división del imperio el año 395, en Oriente los emperadores utilizaron a la Iglesia como factor político, actuando con un fuerte cesaropapismo, mientras que la Iglesia en Occidente, huérfano de Imperio desde el 476, fue más celosa de su libertad y gracias al prestigio papal reclamó su autonomía sobre los Estados nacientes, fruto de las invasiones germánicas.

El año 496 fueron bautizados el rey franco Clodoveo (466-511), por el obispo católico san Remigio, y un gran número de sus súbditos. Hacia el final del siglo V eran evangelizadas Escocia e Irlanda. En el siglo VI hubo la conversión de los visigodos españoles con su rey Recaredo (586-601) y la rehabilitación del cristianismo en Inglaterra, gracias a san Agustín de Canterbury, que murió el año 604.

En Oriente se establecieron tres patriarcados: Constantinopla, Alejandría y Antioquía, que, junto con Roma, gozaron de cierta preeminencia en cuestiones eclesiásticas. Mientras Occidente se encontraba en una etapa de evangelización y captación de nuevos pueblos, Oriente vivía una etapa de esplendor con el emperador Justiniano, convirtiéndose Constantinopla en el centro de la Iglesia oriental. Expresión de esto es el arte bizantino que tiene su más esplendorosa manifestación en la basílica de Santa Sofía de Constantinopla[12].

Las diferencias doctrinales entre la iglesia Oriental y Occidental, aireadas en su inicio cuando el patriarca Focio (810-895) se rebeló contra la autoridad de Roma, culminaron el año 1053

12 Recuadro Nº 10: Basílica de Santa Sofía de Constantinopla

con el gran 'Cisma de Oriente', dando lugar a la Iglesia Ortodoxa*.

2. Sobresale la Iglesia hispano-visigótica con sus concilios

España se vio invadida por los bárbaros desde el año 409, y, posteriormente, los visigodos fueron empujando hacia África a las tribus que les habían precedido. En 559 hacen capital el pueblo visigodo Toledo.

La situación religiosa era sumamente variada, pues mientras gran parte de los viejos habitantes de España conservaban sus cultos íberos[13], otros eran católicos y los invasores eran arrianos. En el año 589 se consigue la unidad religiosa del país, al convertirse l catolicismo el rey Recaredo y, con él, según la costumbre e la época, todo su pueblo. Desde entonces, el juramento del rey al tomar el trono incluía la obligación de proteger la fe y defender a la Iglesia.

Dentro de la Iglesia hispano-visigótica, destacan los obispos y escritores Martín de Braga, Leandro e Isidoro de Sevilla, Braulio y Taxo de Zaragoza, Ildefonso y Julián de Toledo. El centro de los concilios y de la unión de esta iglesia fue la ciudad de Toledo, donde, a partir de la conversión de los visigodos arrianos, mantuvo su vitalidad hasta la invasión de los árabes.

Unos principios idénticos de simbiosis de los poderes político y religioso se aplicaron en los concilios de Toledo, que tuvieron lugar en la ciudad de Toledo desde el 589 hasta el 702 d.C.

Hacia el año 400, bajo la dominación romana, se celebró el I Concilio de Toledo, cuyo objetivo era tratar las consecuencias de la herejía de Prisciliano. Después; en el año 527 tuvo lugar el II Concilio, siendo el arrianismo la fe dominante del reino. La influencia del arzobispo de Sevilla y futuro santo, Leandro, fue especialmente decisiva para que, en el III Concilio de Toledo (589), el rey Recaredo se convirtiera al catolicismo y se lograra así la unidad religiosa del reino visigodo.

---

13 Recuadro N° 10: Los pueblos íberos

Pero fue a partir del IV Concilio de Toledo, el año 633, cuando los concilios toledanos pasaron a ser una verdadera institución llamada Concilio General Visigótico. Presidido por san Isidoro, arzobispo de Sevilla, el 5 de diciembre del 633 se reunió dicho Concilio, que reguló la sucesión al trono, de carácter electivo, con la votación de la nobleza y del obispado; se fortaleció el poder de los monarcas y se estructuró a los sucesivos concilios con una doble naturaleza eclesiástica y política.

Durante tres siglos se celebraron en Toledo dieciocho concilios, cuyas actas constituyen la fuente principal para el estudio de la vida eclesiástica. Se puede decir que la iglesia visigótica española fue muy floreciente e influyó mucho en la marcha política del país.

La conquista de casi toda España por los árabes en 711 aportó a la Iglesia toda clase de dificultades, pero en modo alguno su desaparición, subsistiendo más de treinta obispados.

3. San Benito y los monjes benedictinos

San Benito, que había nacido en Nursia el año 480, era monje desde hacía treinta años cuando escribió su famosa regla. Fue un solitario, un reformador y un fundador. Su regla, pasó a ser, y sigue siendo, la regla para el monje en Occidente, por tener estas dos características principales: moderación y lucidez. En su regla encontramos un código completo de vida monástica, escrito para las personas que deseen entregarse a Dios. Es una escuela para principiantes, donde lo que se persigue y a lo que se aspira es nada menos que la perfección. La nueva regla es romana en su impersonalidad, pues. la Regla es el árbitro final en el modo de conducirse los monjes. Es objetiva, permanente, absoluta: el abad se limita a aplicarla, comenzando por sí mismo.

La vida que prescribe, aunque ascética*, nunca lo es hasta la extravagancia. Disuade la singularidad, y es la observancia común lo que importa por encima de todo. Aquí no hay lugar para hazañas ni excentricidades de los ascetas primitivos. Quizá el aspecto más importante de la regla, si se considera el efecto social del benedictismo en los siglos venideros, ha sido el voto de estabilidad del monje, que se comprometía a vivir y morir en la monasterio al que se agregaba por su profesión..

Otro aspecto de la regla que merece destacarse, por su enorme trascendencia en la vida espiritual de Occidente, es la devoción a la persona de Nuestro Señor que se evidencia en cada una de sus prescripciones. Es a Cristo a quien el abad debe servir en sus hermanos, y a quien sus hermanos deben obedecer en el abad, y a quien deben ver los unos en los otros y en quienquiera que acuda a ellos en busca de ayuda[14].

4. San Gregorio Magno, san Beda san Bonifacio

Los últimos años el siglo VI vieron la elección de un gran Papa: San Gregorio Magno (590-604), que había dedicado su juventud al servicio del Estado llegando hasta primer magistrado de Roma, su ciudad natal. Se hizo monje, y el Papa lo envió por algunos años a Constantinopla, como representante suyo en la corte imperial. Contaba cincuenta años cuando fue elegido Papa.

Fomentó la conversión de los nuevos pueblos al cristianismo, tanto en Oriente como n Occidente. Impulsó la orden d los benedictinos y fundó varios monasterios. Reformó el canto religioso cuyo resultado fue el gregoriano[15]. San Gregorio fue un Papa muy consultado, como nos muestran sus cartas interviniendo en todos los sectores de la Iglesia.

San Beda (672-735) Al igual que san Isidoro de Sevilla, fue un gran erudito. Compila y transmite a las generaciones futuras todo lo que puede salvar del pasado. Comenta la *Biblia* y escribe sobre astronomía y matemáticas, manifestándose como un monje pedagogo. Se

---

14 Cfr. P. HUGHES, *Síntesis de Historia de la Iglesia,* Herder, Barcelona 1986, 88-89.
15 Recuadro Nº 11: El canto gregoriano música fundamental de la Iglesia

conservan buen número de sus sermones, algunas de sus cartas y sus poemas. Pero en san Beda encontramos que es el primer historiador inglés, componiendo la *Historia eclesiástica del pueblo inglés.*. El carácter de su obra, su gracia literaria y la sencillez de su estilo hacen a san Beda un gran historiador.

San Bonifacio, monje benedictino inglés de gran cultura. Nació en Devon y se formó en un monasterio de Hampshire. Se dice que nadie como él ha influido tanto en la evolución de Europa. La justificación de este juicio, un tanto sorprendente, está en la obra realizada por el santo, no sólo al convertir una gran parte de Alemania y al reformar la Iglesia en las Galias, sino también al dar al cristianismo germánico su organización definitiva y hacerlo como mandatario acreditado de la santa sede apostólica.

La primera inspiración misionera de san Bonifacio había sido la de evangelizar a los paganos de la costa de Frisia. Aquí volvió en los últimos años de su vida, y aquí, a la avanzada edad de setenta y cinco años, fue martirizado el año 775. La abadía de Fulda, que él fundó, y dónde se veneran sus reliquias, es hoy día el centro del catolicismo alemán, monumento a un tiempo al monacato benedictino, al celo misionero inglés y a la utilización de ambos por la Sede Apostólica al servicio del Evangelio.

5. Mahoma y la religión del Islam

El año 580 nació en Arabia Mahoma, el fundador del Islam, extendiendo su influencia por todo el mundo. Su credo es sencillo, con una simple organización y con elementos copiados del judaísmo y, en menor grado, de las herejías monofisitas de Arabia[16]. Hay un solo Dios, cuyo profeta es Mahoma. En las revelaciones de Dios al profeta se basa todo[17].

---

16 Como tendencia a perder de vista la realidad e la encarnación, al destruir o desconocer la verdad de la humanidad de Jesús de Nazaret, hay que reconocer que la tentación monofisita es de todos los tiempos

17 Para conocer mejor el Islamismo: Cfr. J. L. VÁZQUEZ BORAU, *Las religiones del Libro,* Col. Nº 1 *Las Religiones, ¿ qué son?,* San Pablo, Madrid 2002.

El gran logro del Islam fue la unión de los árabes errantes del desierto. En Omar, el primer sucesor de Mahonia, encontraron éstos un caudillo de genio, y a los diez años de la muerte del fundador no sólo habían invadido toda la península arábiga, sino que se habían adueñado del imperio persa, de Egipto, de Palestina y de Siria. Cincuenta años después se reanudó la ofensiva, cayendo en su poder el África romana en el año 695. Más tarde, el año 711 cruzaron el estrecho de Gibraltar y conquistaron España. No se detuvieron aquí, sino que atravesaron los Pirineos y dominaron todo el sur de Francia. Todas las grandes islas del Mediterráneo, excepto Córcega, fueron también mahometanas, y en el 7I7 pusieron sitio a Constantinopla, pero no pudieron conquistarla. El héroe del sitio, y más tarde quien rechazó a los mahometanos en Oriente, fue el emperador León III (717-741). En Occidente fue el franco Carlos Martel quien detuvo su avance en la batalla de Poitiers el año 732[18].

6. La historia oscura del papado

Nos referimos a los cuatro siglos que siguieron al pontificado de Gregorio I (590-604), sobre todo a lo largo de los siglos VII y X. Durante estos dos períodos, lo mismo que en el siglo IX, los papas se sucedieron muy rápidamente; así, del 604 al 701 hubo veinte pontificados; entre el 816 y el 900 otros veinte, y treinta y tres entre el 900 y el 1003. Por lo cual, la duración media de pontificado para el conjunto de los siglos es inferior a cinco años. La documentación literaria que se tiene de este periodo es escasa. La literatura histórica, biográfica y teológica producida por Roma o referente a ella es sumamente reducida. Por tanto, no debe extrañar que sean tan pocos los papas que han dejado huellas duraderas de su política y de su personalidad que sirvan para informar a la posteridad. Gregorio II y Gregorio III (715-741), los dos considerados santos, Adriano I (772-795), Nicolás I y Adriano II (858- 872), Silvestre II (999-1003) pueden considerarse figuras excepcionales por sus cualidades personales y políticas.

18 Cfr. HUGHES, P., o. c., 103-104.

Si nos atenemos a Roma, el período de cuatro siglos se divide a su vez en cuatro épocas. Durante la primera (604-715) la Iglesia de Roma sigue formando parte del Imperio desde el punto de vista jurídico. Está ligada estrechamente a la actividad teológica y de todo tipo de la Iglesia de Occidente. Roma ha recobrado en parte el territorio perdido en el momento de las invasiones y los asedios del siglo VI. Constituye un conjunto cosmopolita, que acrecienta a mediados del siglo VII por los exiliados cristianos que huyen del Oriente musulmán. El clero procede de varias razas y, desde el 686 hasta el 752, todos los papas, excepto Gregorio II, son griegos de Italia meridional o sirios.

Durante la segunda época (715-800), papas competentes tuvieron que afrontar una situación cambiante en Italia y en Occidente. En Italia del Norte, las conquistas lombardas acabaron con los últimos puntos de apoyo del Imperio de Oriente y amenazaron a los territorios vecinos administrados por el papado. En la Galia, la subida al poder de Carlos Martel y de sus sucesores instituyó en Occidente un sólido principio de autoridad y proporcionó a los papas unos protectores eventuales muy poderosos[19]. Durante casi un siglo continuó el proceso evolutivo que desembocó finalmente en la creación del Imperio de Occidente el año 800, el día de Navidad, con la coronación imperial de Carlomagno por el papa León III (795-816)

Durante la tercera época (800-888), los papas asistieron al apogeo y luego a la decadencia del Imperio carolingio. Fue una época de actividad para la Iglesia franca, que discutió y resolvió problemas litúrgicos y teológicos; el papado ejerció su influencia en ella aconsejándole moderación y exigiendo la sumisión debida a un soberano. La época termina con la caída del Imperio carolingio y el auge de poderosas familias de Roma o de sus alrededores, que fueron manantial perenne de inquietud y desorden.

Durante el cuarto y último período, el poder universal del papado sufrió un eclipse; el centro de la actividad política se desplazó a Alemania, donde los reyes y más tarde los emperadores

---

19 Recuadro Nº 13: Los estados pontificios

dominaron a los obispos y absorbieron al papado[20]. Por una ironía de la historia, el hecho de que el emperador designase para el papado a una serie de prelados alemanes fue lo que quebrantó el poderío de las familias romanas; un Papa celoso y reformador tuvo así la posibilidad de poner en marcha un gobierno de la Iglesia independiente y poderoso. Nos referimos al Papa Nicolás I (858-867), que fue el arquitecto del papado medieval, y a su sucesor Adriano II. Pero más tarde el papado sufrió un eclipse sombrío, especialmente en la primera mitad del siglo X

7. El monasterio de Cluny y la expansión del arte románico

Situado a unos 80 Km. al norte de Lyon, no muy lejos de Luxeuil y de la región donde se levantó más tarde el Cister y luego Prémontré, lugar, pues, de impulsos monásticos, el monasterio de Cluny fue fundado el año 910 por el duque Guillermo de Aquitania. Según el documento de fundación, el nuevo monasterio no debería estar sometido a ningún señor ni temporal ni espiritual, sino sólo de la Sede Apostólica, en signo de lo cual tenía la obligación de pagar un tributo feudal* de carácter típicamente medieval: mantener las lámparas que ardían en Roma ante el sepulcro del Apóstol Pedro.

Que el monasterio dependiese de la Santa Sede no constituía ninguna novedad, pero esto fue el germen de su futura expansión. Esto ocurría en los tiempos oscuros del papado, siendo Papa Sergio III[21]. El primer abad de Cluny fue Berno, quien hizo de la nueva fundación un modelo para los futuros monasterios benedictinos. Sus monjes se propusieron el total cumplimiento de la antigua regla benedictina; jamás abandonaron el claustro e hicieron de su vida una entrega

---

20 Recuadro Nº 14: El '*Sacrum Imperium*'

21 Sergio III confió la dirección de las finanzas y del ejército pontificio al senador Teofilacto, que, tanto él como sus descendientes, durante cincuenta años fueron los verdaderos dirigentes de Roma. Teofilacto compartió el poder con su esposa Teodora, y con su hija Marozia, amante algún tiempo de Sergio III. A partir del año 928, Marozia fue durante unos años la verdadera dueña de Roma; así pudo nombrar Papa, con el nombre de Juan XI, al hijo que había tenido de Sergio III. Puso fin a su dominio la rebelión de Alberico, otro de sus hijos, que se adueñó del poder el año 932, obligando a su madre a entrar en un convento. Cfr. M. O KNOWLES, *La Iglesia en la Edad Media, Nueva Historia de la Iglesia,* vol. II, Ediciones Cristiandad, Madrid 1983, 78.

incondicional al servicio de Dios. El monasterio difundió pronto por toda Europa su estilo de vida a través de sus escritos, de sus fundaciones, de sus escuelas y del arte románico.

La denominación 'arte románico' se usa desde la primera mitad del siglo XIX, al tomar impulso los estudios sobre las lenguas y las literaturas romances, es decir, con muchos elementos derivados de Roma. Atendiendo a las relaciones entre aquellas y el arte desarrollado en la Europa cristiana entre finales del siglo X y mediados del siglo XIII, a este arte se le llamó románico por presentar elementos derivados de Roma, aunque el área por donde se extendió fuera mucho más dilatada que la de las lenguas y las literaturas romances. El ámbito geográfico en que se manifestó el nuevo arte corresponde Europa occidental. Nació en el corazón del viejo continente, en la zona el Rin, pero pronto se difundió ampliamente gracias a la labor llevada a cabo por los monjes de Cluny y a las grandes rutas de peregrinación, como el Camino de Santiago[22].

Mientras en la vida social tomaban cuerpo nuevas instituciones, también el arte románico surgió y se constituyó con un espíritu renovador, tanto en lo estructural como en lo decorativo. Entre las características de la arquitectura románica las más destacadas corresponden al modo de construir. Los arquitectos se propusieron resolver un problema de carácter utilitario, un problema motivado por los incendios y derrumbamientos que muchas veces habían destruido iglesias. Fue para impedir o aminorar este peligro por lo que sustituyeron el maderamen que en ellas constituía la techumbre de la nave central por una bóveda.

Pero los constructores románicos sintieron necesidad no sólo de variar el sistema de cubierta sino también de variar las viejas formas para sostener las viejas cubiertas, pues con el tiempo se habían ido incubando las transformaciones necesarias, en buena parte copiadas o aprendidas de ejemplares antiguos. Algunos de los procedimientos para neutralizar el empuje oblicuo de las bóvedas ya habían sido empleados buscando una mayor trabazón de todas las

---

22 Recuadro Nº 15: El Camino de Santiago

partes, sustituyendo las columnas por pilastras adecuadas para sostener arcos transversales propios para la unidad estética.

Los arquitectos románicos desenvolvieron tales modificaciones, sacaron partido de las obras de los constructores precedentes de manera que su arte se enlazó en muchos aspectos al pasado, a través de lo cual tal vez experimentó remotas influencias que el Oriente había transmitido a la arquitectura occidental antes de la edad románica; pero en esta general renovación, más que a continuar las tradiciones arquitectónicas tendieron coordinar todo lo que ellas ofrecían de útil, ideando una nueva manera de resolver el problema de construir grandes basílicas cubiertas con bóvedas[23].

8. Tensiones entre el papado y el imperio

El Papa Gregorio VII (1073-1085) fue monje el monasterio de Cluny, Hildebrando, y dio nombre al movimiento de reacción que tuvo lugar en la Iglesia conocido como 'reforma gregoriana', ya que él fue su principal portavoz. Su programa de renovación no fue nuevo. Se limitó a continuar o que habían propuesto todos los papas desde León IX (1048-1054): la reforma de costumbres del clero y la emancipación de la Iglesia del poder secular.

El año 1075, el Papa prohibió toda investidura laica, es decir, amenazó con la excomunión a los reyes que nombraran obispos y les invistiesen en sus cargos entregándoles el báculo. El emperador de Alemania Enrique IV, que ejercía un escandaloso tráfico en obispados y abadías, se mofó del edicto pontificio. Gregorio VII aceptó el desafío excomulgándolo y relevando todos sus vasallos de sus juramentos de lealtad.

El emperador, viéndose perdido, se sometió al Papa, que iba en camino para el gran concilio alemán que iba a elegir al sucesor. En el castillo de Canosa el 28 de enero de 1077, el Papa absolvió al emperador.

---

23 Cfr. J. F. RAFOLS, *Historia del Arte* ,Editorial Optima, Barcelona 1999, 172-173.

Posteriormente, el Papa volvió a excomulgar al rey, quien designó un antipapa, sitió Roma y Gregorio VII fue exiliado a Salermo, donde murió. El antipapa Clemente III coronó a Enrique IV el año 1084.

Unos años más tarde. en el *Concordato de Worms* (1122), realizado entre Enrique V y el Papa Calixto II (119-1124), se puso temporalmente fin a la lucha de investiduras, distinguiendo entre 'investidura temporal' y la 'canónica': el emperador consentía que la Iglesia eligiera a obispos y abades y los invistiera con el poder espiritual. Por su parte, la Iglesia admitía que el rey invistiera a los eclesiásticos con sus poderes temporales.

9. San Bruno, el primer cartujo

San Bruno nació en Colonia el año 1030, en el seno de una notoria familia alemana. Fue un excelente estudiante de humanidades y un hábil dialéctico. Fue ordenado sacerdote en la catedral de Reims. Obtuvo cargos importantes hasta que se enfrentó abiertamente con el arzobispo Manases, que llevaba una vida escandalosa. Poco después de esto, Bruno, con seis compañeros más, se retiró al desierto de Caisse-Fontaines para llevar una vida de penitencia. Más tarde pidió al obispo Hug de Grenoble el construir un monasterio (Chartreuse), constituyéndose la orden cartujana.

El año 1090 el Papa Urbano II (1088-1099) lo llamó a Roma ara nombrarlo consejero, pero, como este cargo lo apartaba de la vida solitaria, pidió al Papa, que lo dejase volver al monasterio. Éste accedió a condición de que no volviese a Chartreuse e iniciara un nuevo monasterio n Calábria, donde murió l 6 de octubre de 1101. Tenía poco más de setenta años y hacía diecisiete que había fundado la orden cartujana en Chartreuse.

La cartuja de Escaladei, fundada el año 1163 en Tarragona, fue la primera de España. Desde este núcleo se fundaron las restantes de la península.

VOCABULARIO

- ASCESIS-ASCÉTICA: Por ascesis, del griego *askesis*, que quiere decir ejercicio o práctica, se entiende comúnmente el conjunto de esfuerzos con que se intenta crecer en la vida moral y religiosa hacia a perfección humana y cristiana. El concepto supone dos notas características: esfuerzo y método, orientados ambos por el fin que la persona se propone alcanzar. Por ascética se entiende la disciplina teológica que estudia la ascesis cristiana.
- FEUDAL: Relativo a la organización política y social basada en los feudos, o contratos por los que los soberanos y los grandes señores concedían en la Edad Media tierras o rentas en usufructo, obligándose el que las recibía a guardar fidelidad de vasallo al donante, prestarle el servicio militar y acudir a las asambleas políticas y judiciales que el señor convocaba.
- IGLESIA ORTODOXA O IGLESIAS ORIENTALES: Grupos cristianos, doctrinal, jerárquica y litúrgicamente diversos, cuyo elemento común es la procedencia de antiguas Iglesias de la parte oriental del imperio romano.

RECUADROS

Nº 10: Basílica de Santa Sofía de Constantinopla:

Fue mandada construir durante el reinado de Justiniano, el año 532, bajo la dirección el arquitecto Antemio de Tralles e Isidoro de Mileto y terminada cinco años más tarde. Y lo es no tanto por su grandiosidad y rica decoración cuanto por el derroche de arte que culmina en la monumental cúpula que sostienen cuatro pechinas sobre la nave central. El arte musulmán ha tenido que cambiar muy poco las estructuras fundamentales, aunque a fisonomía exterior se distinga por el atractivo de los minaretes, o torres de las mezquitas desde donde el almuédano convoca los fieles.

Nº 11: El canto gregoriano música fundamental de la Iglesia:

El canto llano o gregoriano es una música funcional designada a corresponderse on la naturaleza y la importancia e un servicio concreto o una situación litúrgica determinada, de la que forma parte. Describir el canto llano supone delimitar el grado de musicalidad que puede lograrse con la mayor sencillez de medios. Este canto no lleva un soporte armónico y normalmente se concibe para voces masculinas. La mayoría de los cantos son de ámbito restringido, abarcando el canto alrededor de una diez notas. El movimiento melódico se transmite e una a otra nota hacia arriba hacia abajo. Los intervalos son en general pequeños. Existe una sensación de movimiento rítmico, si bien las notas se consideran iguales con respecto a su longitud.

Nº 12: Los estados pontificios:

Desde que Roma dejó de ser la capital del imperio y cuando ni siquiera el delegado del emperador residía allí, la persona que daba importancia a la ciudad era el Papa. Este prestigio aumenta cuando, en las invasiones bárbaras, los lejanos poderes civiles no acuden en ayuda de Roma y es el Papa el que se hace cargo de la situación. Bizancio queda cada vez más lejos y los estados pontificios nacen de la misma manera que las repúblicas de Venecia, Nápoles, Pisa o Génova. En situaciones de apuro, los papas acabarán pidiendo ayuda a los francos, siempre más cercanos que los bizantinos. Así, Pipino el Breve (751-768), elegido rey de todos los francos y que, por primera vez, un soberano franco había recibido el óleo sagrado, ungido por el arzobispo Bonifacio, legado del Papa, redactó en 756 un documento por el que da al Papa los territorios, que ya antes eran papales, reconquistados por él.

Nº 13: El '*Sacrum Imperium*':

El Papa Juan XII se dirige al rey germano Otón 1 prometiéndole que le coronaría emperador si le ayudaba. Y así fue: Otón I fue coronado emperador el año 962 y con él nació el Imperio Romano Germánico. Con los nuevos emperadores, los derechos del papado sobre los territorios romanos quedaron asegurados, pero la administración pontificia y hasta la elección del Papa quedarán sometidos a su aprobación. La política de Otón 1 fue nombrar príncipes a los obispos para mermar el poder de los señores seculares, ya que tenían la ventaja de no dejar en herencia el cargo, corno los demás señores, sino que los nombraba él vinculándolos a su política personal. El mismo les entregaba el anillo y el báculo en la consagración episcopal, es decir, les daba la investidura y los obispos respondían con el juramento de fidelidad. Los obispos solían ser parientes suyos, aunque parece que eran bastante dignos. Pero, más tarde, los sucesores de Otón quitarán y pondrán obispos y abades a su antojo.

Nº 14: El Camino de Santiago:

Durante los reinados de Carlomagno en centroeuropa y Alfonso II en Asturias, a finales del siglo VIII, se propagó por todo el Occidente cristiano la noticia de que en el extremo más remoto de la península Ibérica, en tierras de Galicia, estaba enterrado Santiago el Mayor, uno de los doce apóstoles. Gracias a numerosos documentos y, sobre todo, al *Códice Calixti*no, escrito por el clérigo francés Almerico Picaud, actualmente podemos conocer lo que significó Santiago, los itinerarios que siguieron los peregrinos, y los detalles y anécdotas de muchos de los viajes. Los itinerarios que llevaban a Santiago fueron muchos, pero el que es conocido por 'El Camino' fue el que aparece en el citado Códice, en su apartado dedicado a guía del peregrino de Santiago de Compostela. En él se habla de cuatro itinerarios por tierras francesas que atravesaban los Pirineos por dos lugares, Somport y Roncesvalles. Tras pasar Pamplona, se unificaban en Puente de la Reina y, desde allí, ya convertido en un solo camino, el camino francés, se dirigía por tierras de la Rioja, Burgos, Palencia y León, hasta Santiago de Compostela. Peregrinar era una práctica muy arraigada en el mundo cristiano desde tiempos remotos, como se demuestra en el hecho que ya desde los siglos II y III, Belén y Jerusalén recibían un importante número de peregrinos, lo cual se mantuvo hasta el año 1078 en que los turcos se apoderaron de los Santos Lugares.

Nº 15: Los grandes monasterios de Poblet y Santes Creus

Cuando fueron reconquistadas las comarcas de Tarragona, para reforzar el impulso colonizador del conde Ramón Berenguer IV, se fundaron los monasterios cistercienses de Poblet y Santes Creus. Esto supuso el establecimiento de granjas o unidades de explotación agraria en las propiedades el monasterio. Las tierras e Poblet fueron entregadas por el mismo conde l abad Sanç del monasterio de Fontfreda, que está situado cerca de Narbona.

La fundación de Santes Creus fue impulsada por los Moncada el año 1150, gracias a una donación al monasterio de Grand Selva, en el Llenguadoc. Jaime I y una gran parte de su nobleza, debido a la amistad con el abad Bernat Calbó, le dedicaron donaciones y protección. La actividad cultural de este monasterio, la importancia de los documentos de su biblioteca es equiparable a la de Poblet.

SÍNTESIS HISTÓRICA-II

SIGLO VI

Occidente

496 Conversión de los francos. Clodoveo bautizado en la catedral de Reims por el obispo san Remigio.

530 San Benito funda la abadía de Montecasino.

589 Conversión de Recaredo y los visigodos en el tercer concilio de Toledo.

590 San Gregorio Magno es proclamado Papa, detuvo la invasión de los lombardos, impulsó la evangelización de los pueblos anglosajones.

Oriente

527-565 Justiniano I. Esplendor del Imperio bizantino.

SIGLO VII

611 Mahoma comienza su predicación en la Meca

622 La 'Hégira' o huida de Mahoma de La Meca a Medina

630 Conquista de Medina y expansión del Islam.

SIGLO VIII

Occidente

753-754 Pepino el Breve, rey franco, invade Italia para defender los intereses del papado. Donación de los territorios conquistados al Papa. Aparecen los estados Pontificios.

771 Carlomagno, rey único en Francia. Extensión de sus dominios a Italia y a Europa central.

800 Carlomagno es coronado emperador por el Papa en Roma

Oriente

726 El emperador León II el Isáurico manda destruir iconos e imágenes religiosas con el pretexto de evitar la idolatría.

SIGLO IX

Occidente

846 Saqueo de San Pedro de Roma por piratas musulmanes

877 La Santa Sede obliga pagar tributo a los sarracenos

850-859 En España persecuciones musulmanas contra los cristianos. Martirio e san Eulogio y sus compañeros n Córdoba.

Oriente

843 Sínodo de Constantinopla. Condena definitiva de la herejía iconoclasta.

858 Focio es elegido patriarca de Bizancio. Primera crisis seria de relaciones entre Roma y Bizancio.

863 Misión de san Cirilo y san Metodio para evangelizar os pueblos eslavos.

SIGLO X

910 Fundación de Cluny.

936 Otón I, soberano de Alemania. El Papa busca su apoyo.

962 Otón I es coronado emperador Surge el Sacro Imperio romano germánico.

SIGLO XI

1050 Cisma de Oriente. Ruptura entre Roma y Bizancio.

1073-1085 Reforma gregoriana llevada a cabo por el Papa Gregorio VII

1078 Conquista de Jerusalén por los turcos.

1096-1099 Se organiza la primera cruzada.

1098 San Roberto funda el monasterio e Citeaux (Cister) con otros veinte compañeros.

MATERIAL DIDÁCTICO

1. **Manifestaciones pictóricas y tapices:**

Pantocrator de San Clemente de Taull.

- *Panteón Real y pinturas* de San Isidoro de León.

- *San Gregorio Papa,* de Pedro Berruguete, El Museo Nacional de Arte de Cataluña - - *El tapiz de la Creación,* Girona.

2. **Manifestaciones arquitectónicas:**

Catedral de Santiago de Compostela

- *Iglesia San Martín de Frómista,* Palencia.
- *San Juan la Peña,* Huesca.
- *Santa Maria a Real,* Navarra.
- *Claustro* del Monasterio de Silos, Burgos.

3. Manifestaciones escultóricas:

- *Tímpano de la Magdalena de Vézelay*, Francia.
- *Puerta del Cordero de San Isidoro,* León.
- *El Apóstol Santiago.* Parteluz el Pórtico e la Gloria.

4. **Manifestaciones musicales:**

FERNÁNDEZ DE LA CUESTA, I./ LARA, F., *Las mejores obras del canto gregoriano,* Coro de monjes del Monasterio Benedictino de Santo Domingo de Silos, Emi Odeón, S.A., Madrid 1993.

5. **Manifestaciones cinematográficas:**

CASTELLANO, F., *Atila rey de los Unos*, Italia (1980)

MANN, A., *El Cid* (1961)

6. Lecturas:

BENITO DE NURSIA, SAN, *Su vida y su regla,* dirección e introducciones de García M. Colombás, BAC 154, Madrid 1954.

III. LA CRISTIANDAD (SIGLOS XII-XV)

1. San Bernardo de Claraval, la reforma cisterciense y el arte gótico

Después de casi dos siglos de fervor y servicio a la Iglesia, la excesiva prosperidad y riqueza de las abadías eclipsó la espiritualidad de Cluny. En este momento se hizo necesaria una nueva reforma monástica. El principal impulsor fue San Bernardo de Claraval (1090-1153), abad del monasterio de Citeaux, de donde el movimiento renovador tomó su nombre.

Los monjes restablecieron la regla de san Benito en su rigor original. Se renunció las fuentes de ingresos eclesiásticos y feudales y se contentaron con poseer la tierra suficiente para que, con su propio trabajo, pudiesen alimentarse ellos y los pobres. El sistema de gobierno era colegiado: todas las abadías se regían por el capítulo general. Una vez al año se reunían todos los abades* y discutían el estado de la orden. Las decisiones tomadas en esta reunión eran seguidas por todos los monasterios, garantizándose la autonomía espiritual, financiera y administrativa de cada uno de ellos. El desarrollo del Cister fue muy rápido: de 70 abadías existentes en 1134 se pasó 530 en 1194.

Sus iglesias y edificios eran lisos, sin ornamentación, sin torres ni campanario[24]. Esta sencillez ya se dispuso en la Asamblea e la Orden de 1119, repudiándose todo derroche. Se adoptó para a cubierta la bóveda de arista, formada por la intersección en cruz de dos bóvedas de medio cañón, y, más tarde, la crucería. La acumulación de los empujes en puntos determinados donde se emplazan apoyos y contrafuertes hizo innecesarios los muros como elementos sustentadores. El uso de ventanales con vidrieras de color representa un gran paso para el desarrollo artístico de la arquitectura gótica, pues sirvieron para otra los grandes edificios de la época de pinturas transparentes y de rica policromía.

2. Las cruzadas reacción medieval de la cristiandad contra el Islam

El extraordinario éxito que alcanzó el llamamiento lanzado a Occidente el año 1095 por el Papa Urbano II (1088-1099) para defender a los cristianos de Oriente y garantizar el libre

---

24 Recuadro Nº 16: Los grandes monasterios de Poblet y Santes Creus

acceso a los Santos Lugares, estaba en la misma línea que el impulso de fe que caracterizó la construcción de las catedrales góticas, fundamentado en la conciencia religiosa popular.

Ya el Papa Juan VIII (872-882) había proclamado que los guerreros muertos en combate contra os sarracenos tenían asegurada a salvación. Los que morían en la cruzada* eran considerados mártires de la fe. El caballero cristiano que renovaba su temple religioso en el ritual dl homenaje, ponía su espada al servicio de la defensa de la fe, de la protección de la Iglesia y de los débiles. Las órdenes de caballería*, nacidas de las necesidades de las cruzadas, encontraron aquí su justificación[25].

Hasta el siglo XIII se utilizaba el mismo lenguaje, las garantías jurídicas y los beneficios espirituales, tanto para la cruzada como para a peregrinación*, convirtiendo así al cruzado en un peregrino. Por otra parte, dejando a un lado las que se prepararon cuidadosamente en los terrenos estratégico y logístico, como la Primera Cruzada (1095-1099) predicada oficialmente por Pedro el Ermitaño para acudir en ayuda del emperador de Bizancio Alexio; o la Segunda Cruzada (1147-1149), predicada por Bernardo de Claraval para mantener los Estados cristianos de Oriente, llegando los cruzados a Jerusalén el año 1148; y, finalmente, la Cuarta Cruzada (1202-1204) predicada por Foulque de Neuilly y que, contra lo convenido, los cruzados se dirigieron a Constantinopla, conquistándola y fundando un Imperio latino que duró medio siglo; las otras cuatro cruzadas se renovaban cada año en primavera, con la llegada de los navíos y las caravanas. Los peregrinos servían durante un tiempo a las armas o en la construcción de castillos en los reinos latinos, y, más tarde, regresaban a sus países de origen.

La estrecha alianza entre fe y estrategia quedó traicionada con el desvío de la cruzada hacia Constantinopla (1204) y, a partir de 1270, las empresas calificadas como cruzadas fueron en realidad empresas de carácter privado o nacional. El proyecto religioso de introducir a las cristiandades orientales en la Iglesia romana fracasó rotundamente, ensanchando aún más el

25 Recuadro Nº 17: Los Templarios

foso existente entre Roma y Bizancio, que veía en la cruzada una monstruosa deformación de la peregrinación.

Como consecuencia de las cruzadas la vida de Europa se transformó al difundirse la cultura oriental por Occidente. Se consolidó el comerció, prosperó a industria y los productos orientales se conocieron en Europa por medio de los mercaderes venecianos. La burguesía inició su desarrollo y el feudalismo entró n su etapa decadente. Finalmente, el contacto con la cultura griega de Bizancio, con los musulmanes y los judíos enriqueció as ciencias en Europa.

3. Diversos errores y herejías durante la Edad Media

Durante los siglos XII y XIII se fueron consolidando distintos movimientos sectarios, que por su actitud antijerárquica y hostil a Roma, amenazaron gravemente la unidad espiritual del mundo cristiano. Uno de éstos fue el de los 'cátaros' (los puros), que aparecen en los Países Bajos. Tangelus y sus seguidores se presentan como los únicos perfectos e impugnaban la autoridad eclesiástica y aun los sacramentos. San Bernardo luchó contra estos. Históricamente el nacimiento de los cátaros se remonta a mediados del siglo X en Europa, y se extinguió cuatrocientos años después. No veneraban la cruz, que consideraban instrumento de suplicio que ejercieron los hombres a Jesucristo. Para los cataros, el mundo material es una ilusión diabólica y una prisión para las almas buenas. Predicaban con el ejemplo la práctica de los preceptos evangélicos rechazando los sacramentos católicos. Si en los países germánicos el catarismo no rebasó nunca la fase de simple implantación, en cambio en Bosnia, durante tres siglos y hasta la invasión de los turcos a finales de la edad media, fue una religión de estado. Sin embargo, fue en Occitania, en el corazón del mundo cristiano occidental, donde el catarismo se convirtió de forma duradera en una religión socialmente establecida. Su vitalidad ha permitido dejar huellas de interés así como pasiones que siempre han permanecido vivas.

Los 'valdenses' formaban un movimiento liderado por Valdez de Lyon hacia el año 1170, que dio nombre a este movimiento. Hacían alarde de una vida austera y pobre y abominaban del esplendor de la Iglesia católica y de los eclesiásticos. Se llamaban los 'pobres de Lyon' y vivían de una manera muy semejante a los 'humillados de Lombardía'. Los valdenses introdujeron una organización propia y, como se oponían a ciertos abusos reales, ganaron muchos partidarios.

Entre los distintos grupos que surgieron en esta época sobresalen los 'albigenses'[26] o los cataros del sur de Francia, que florecieron a finales del siglo XII y principios del XIII.. La base de su doctrina estaba fundamentada por cierto dualismo u oposición entre un principio bueno y un principio malo, lo que les hace aparecer como un rebrote del maniqueísmo. En sus aplicaciones prácticas perseguían a la carne y fomentaban el suicidio, al que llamaban *endura*, y que consistía en dejarse morir de hambre. Y como además combatían contra la jerarquía, los sacramentos, las instituciones eclesiásticas y en particular el matrimonio, llegaron a ser un peligro para el sur de Francia, a quienes se les juntaron los cátaros y valdenses. Inocencio III (1179-1180) emprendió una cruzada contra estos encabezada por Simón de Monfort.

4. Francisco de Asís y los franciscanos

A comienzos del siglo XIII la sociedad europea en general y la italiana en particular está cambiando. La burguesía ha conquistado mayor potencia política y, gracias al comercio, el nivel de vida de la población ha mejorado. La afluencia de las riquezas genera un cierto materialismo práctico y por reacción la aspiración a una pobreza lo más próxima a la evangélica. En algunos casos estas aspiraciones acaban oponiéndose a la jerarquía, como los movimientos que tuvieron relaciones difíciles con la Iglesia, como los Valdenses o los Humillados o sectas claramente heréticas como los Cátaros.

---

26 Recuadro Nº 18: Los albigenses

En este contexto nacen también las órdenes mendicantes, sobre todo por obra de san Francisco de Asís y santo Domingo de Osma. Estas dos no son las únicas, en este siglo se desarrollan también los *Carmelitas*, que al principio eran monjes de tipo eremítico en el Reino de Jerusalén, evolucionando en occidente hacia una orden mendicante similar a las otras. También surgen los *Ermitaños de San Agustín*, que surgirán de la fusión de diversas congregaciones de tipo eremítico en Italia por obra de Alejandro IV en 1256. Esta será la única orden fundada por un Papa, de la que formará parte Lutero.

En 1206, Francisco de Asís (1182-1226), hijo de un rico pañero de la ciudad, abandonó a los suyos para vivir corno ermitaño. Muy pronto se vio rodeado por varios discípulos que adoptaron su regla de pobreza, aprobada por el Papa Inocencio III en 1210; a quienes se les llamó hermanos menores. Desde entonces, los franciscanos, pobres monjes y mendigos, vivían de limosnas, fieles al ideal evangélico de paz y pureza, predicando por toda Italia. Esta orden reunió su primer capítulo general en 1215 y más tarde se instaló en Francia, Inglaterra y los restantes países occidentales.

La vida de Francisco de Asís tuvo una resonancia considerable en toda la cristiandad latina y marcó profundamente a la Iglesia romana y a las formas de vida religiosa de Occidente[27].

Los vínculos entre el franciscanismo y el papado se estrecharon todavía más cuando el cardenal Ugolino de'Conti, protector de esta orden religiosa, fue nombrado Papa bajo el nombre de Gregorio IX. A él se debe la canonización de Francisco de Asís en 1228, dos años después de su muerte.

Francisco de Asís, lejos de desinteresarse del mundo, fue un conquistador, un misionero al servicio de una fe y de una causa. Cuando joven, había sido combatiente del ejército de Asís frente a las tropas de Perusa, y como soldado del ejército del Papa se había batido contra el emperador en Apulia. Después de un intento fallido por llegar a Tierra Santa, la idea de

27 Cfr. J. HEERS, *Historia de la Edad Media,* Labor Universitaria, Barcelona 1979, 163-165.

convertir a los infieles le condujo primero a España y, luego, a Egipto. Por ello, algunos autores modernos le declaran como el profeta de la Iglesia para el Islam. Dos intentos fracasados precedieron el viaje del hermano de Asís a la tierra de los musulmanes, llamados entonces sarracenos. La ocasión llegó cuando el ejército cristiano decidió acampar en Damieta, Egipto, para enfrentar al sultán Melek-el-Kamel. Se dice que Francisco intentó, sin lograrlo, disuadir al Papa Honorio III (1216-1227) para que desistiera de enviar la Cruzada, incluso profetizó una terrible derrota. La profecía se cumplió después de un año de batallas y escaramuzas y aún cuando el sultán les ofrecía generosamente la paz, los cruzados sucumbieron ante las huestes sarracenas. Es entonces cuando Francisco llega junto a otros doce compañeros. Su intención de predicar a los musulmanes le hace dirigirse hasta el mismo sultán. La situación se produce gracias a su aspecto humilde y, según el parecer del islamólogo Luis Massignon[28], el hábito de lana burda que vestía, muy parecido al de los sufíes, los famosos místicos mahometanos llamados así precisamente por su vestido[29]. Posiblemente el consejero espiritual del sultán, que pertenecía a una escuela dentro del movimiento del sufismo, posibilitó aquel encuentro, como el mismo Massignon descubrió en 1951 un texto árabe donde se relata el inusual encuentro.

Francisco no logró convertir al sultán o, en todo caso, morir mártir por la causa de Cristo, pero creó un marco extraordinario en las circunstancias de aquel entonces. Además, se mereció la admiración del sultán quien, reconociendo que el cristianismo era una religión buena, otorgó un salvoconducto al santo para poder visitar junto a sus hermanos las tierras de dominio árabe. Se dice que incluso le obsequió con un clarín (cuerno) con el cual el santo enviaba sus frailes a misión. Aquel fue el origen de la Custodia de Tierra Santa, expresión de la voluntad e

---

28 Luis Massignon (1883-1962) un singular intelectual francés del siglo XX y uno de los más excepcionales espíritus de sabiduría contemporánea, por haber sabido integrar aspectos y factores como ciencia, fe personal y acción pública, siempre a favor de los desheredados, olvidados y maltratados, cosa que en nuestra sociedad actual suelen ir sueltos y escindidos.
29 El vocablo *suf* significa lana.

ilusión misionera que Francisco infundió en sus hermanos y que hasta el día de hoy mantiene su presencia cristiana en los lugares santos.

La madre de Francisco era francesa y su padre había vivido mucho tiempo en Aviñón y, por tanto, había tenido la influencia de la cultura francesa y de los *troubadours*[30]. Francisco, en contacto directo con este ambiente, quiso ser el 'juglar de Dios' y sus prédicas terminaban en 'efusiones líricas'. En ellas transcribía el gusto por lo familiar y lo pintoresco, con lo cual resultaban muy accesibles para el pueblo.

En 1224, Francisco, por primera vez, celebró la Navidad en una gruta. Su visión del mundo correspondía más a la de los laicos que a la propia del clero; su mentalidad era la de los hombres de su época y su amor por la naturaleza[31] se adecuaba perfectamente al gusto de los ciudadanos florentinos.

La orden de las Clarisas, hermanas franciscanas, fundadas por santa Clara de Asís el año 1212 y la tercera orden de penitentes, que congregó a personas laicas asociándolas a la obra común, expandieron ampliamente las enseñanzas del franciscanismo. No obstante, esta difusión espiritual funcionó también a otros niveles, especialmente en el campo de la educación. Los *studia* franciscanos se implantaron en todos los países de Occidente y sus teólogos adquirieron gran renombre en las universidades, especialmente en París.

5. Domingo de Guzmán y la orden de predicadores

Domingo, nació en Caleruela, hacia 1201, llegando a ser prior del cabildo de Osma. Junto con su obispo Diego de Osma comienza la predicación entre los cátaros de Francia Meridional en 1205-6. Cuando su obispo retorna a su patria, Domingo continúa su obra misional. Su primera fundación fue una casa para chicas convertidas del catarismo en Proville en 1207, el mismo

---

30 Poeta provenzal de la Edad Media, que escribía y trovaba en lengua de oc.
31 Recuadro Nº 19: Cántico de la criaturas (Francisco de Asís)

año en que Francisco de Asís dejaba la casa paterna, y que terminó siendo un monasterio femenino. Los primeros dos compañeros de Domingo, que se comprometen con un juramento similar al de vasallaje, son dos ciudadanos de Toulouse el año 1215, poniéndose todos al servicio de Roma, y la orden dominicana, aceptada primero por Inocencio III, fue definitivamente reconocida por Honorio III en 1216. Su primer capítulo general se celebró en 1220. A pesar de que la orden seguía la regla de san Agustín, su género de vida coincidía mucho más con la de los franciscanos. Los dominicos, monjes mendicantes también, vivían de limosna y compartían las precarias condiciones del pueblo, ofreciendo a los herejes la imagen de una vida evangélica y de una pureza rayana en la perfección. Más aún que los franciscanos, llegaban a la gente mediante la predicación, de ahí su nombre de 'hermanos predicadores'.

La idea clave de Santo Domingo fue la vida evangélica y la predicación evangélica, por ello se abandona la estabilidad monástica, que vincula al predicador en un lugar determinado, y se abandona el aislamiento monástico, que impede la acción de anuncio, finalidad principal de su fundación. Para Domingo será de enorme importancia el tema del estudio. Desde los primeros encuentros con los cátaros en Francia, ya había entendido que para una buena predicación se necesita una buena ciencia teológica, no sólo para los debates, sino también para la catequesis común. Finalmente, se nota en Domingo una firme voluntad de pobreza, pues se da cuenta que el remedio para solucionar la trágica situación que vive la Iglesia está en la pobreza. La pobreza dominicana es menos absoluta que la franciscana.

6. La colaboración entre la Iglesia y el Estado hizo posible la Inquisición

Al comienzo los procesos de la inquisición eran para la disciplina del clero, este es el origen de la Inquisición, no contra los heréticos. Inocencio III pensó en disciplinar de este modo arzobispos, obispos y abades, que no estaban dispuestos a defenderse contra los procesos de infamia. Inicialmente la Inquisición no nació para luchar contra las herejías, esto fue posterior. Con respecto a las herejías la Iglesia buscó defenderse con medios espirituales, disputas y si fue necesario con la excomunión. En torno al año 1200 crece la convicción de que esta forma de proceder no es suficiente. La primera etapa de la Inquisición como una institución, es la bula del Papa Lucio III, *Ad Abolendam*, el año 1184 en Verona, contra el crecimiento de las herejías en las ciudades Lombardas. El contenido decía que el obispo en cuanto juez ordinario de todos los cristianos en su diócesis, con ocasión de la visita canónica, que debía hacer cada dos años, debe de buscar los heréticos sin esperar la acusación formal. En 1199 Inocencio III con la bula *Vergentis*, confirmó la disposición de su predecesor de 1184, añadiendo severas sanciones y declaró la herejía como una culpa de Lesa Majestad. Concepto que se deriva del derecho romano, en el sentido de quien reniega a Cristo comete una culpa más grave del delito de Lesa Majestad, castigado con la muerte según el derecho romano.

En el siglo XIII la inquisición papal fue concebida como suplementaria y complementaria a la de los obispos, que era muy lenta y agobiante. El organizador de la inquisición papal será el Papa Inocencio IV con la Constitución *Ad extirpanda* (1252) Encargo el cargo de inquisidores en primer lugar a los Dominicos y después también a los Franciscanos, que además de la predicación antiherética tuvieron que unir también la represión de la herejía. Para el uso de los inquisidores surgieron tratados y manuales. Uno de estos manuales, el más completos, era la *Practica Inquisicionis ereticici brabitatis* (1323-24) escrito por el dominico Bernardo Guidonis. Sobre el número de los quemados en la hoguera y los ajusticiados no hay un cuadro preciso. Se calcula que el número de las personas castigadas por la inquisición en el tardo Medioevo serían bastantes miles, aunque la pena de muerte por herético no era la regla. El creyente medieval estaba convencido que la dureza era necesaria para el bien común de la sociedad. Incluso los reformadores como Lutero, Melanchthone o Calvino compartieron esta teoría y actuaron en consecuencia.

Los procesos contra los heréticos y la persecución de las brujas continuaron de suyo en la Edad Moderna, también en el campos protestante, y terminaron el siglo XVIII, gracias al concepto de tolerancia desarrollado por el Iluminismo, que había perdido la confianza de conocer la verdad. La inquisición papal medieval fue reorganizada en 1542 por Pablo III con la institución de un tribunal de apelación en Roma llamado el *Santo Oficio*. En 1965 el Papa Pablo VI lo convirtió en la *Congregación para la Doctrina de la Fe*, dando algún permiso de investigación.

La llamada *Inquisición Española* fue mucho más conocida en el mundo. Se instituyó a finales del XV en España, teniendo un carácter diferente al estar estrechamente unida al Estado. Originariamente se dirigía contra los convertidos del judaísmo y del Islam, de los que se sospechaba de su conversión al cristianismo. Más adelante irá contra los protestantes en España. Su organización estaba muy centralizada, situándose en la cabeza un Gran Inquisidor. Esta Inquisición Española fue suprimida en 1820.

7. San Alberto Magno, san Buenaventura y santo Tomás de Aquino

La Iglesia alcanzó su mayor influencia en los asuntos del mundo en el siglo XIII y durante algún tiempo después. El sabor medieval floreció en las recién creadas universidades[32], que produjeron eruditos dentro de la especulación teológica, denominada escolástica*, como san Abelardo Magno (1193-1280), san Buenaventura (1221-1274) y santo Tomás de Aquino

32 Recuadro N° 20: Las Universidades

(1225-1274) Es mérito de San Buenaventura haber sido el primero en atacar el averroísmo[33] y combatirlo con las armas naturales de la dialéctica[34]. Nunca llegó a completar realmente su obra, pues a la edad de treinta y seis años quedó alejado de las universidades debido a que fue nombrado general de su orden durante diecisiete años, convirtiéndose así en el segundo fundador de la misma (1257)

San Alberto Magno, que llegó a ser rector de la Universidad de Colonia el año 1249, con espíritu aristotélico, se dedicó a aprender y a hacer asequible a los otros cuanto podía saberse del universo creado y de la relación de éste con su Creador. No era un polemista, y aunque el problema averroísta ocupó naturalmente gran parte de su pensamiento, la influencia que él ejerció fue indirecta, al buscar otra solución aristotélica a este problema.. San Alberto fue el maestro de santo Tomás de Aquino, quien demostró que el pensamiento aristotélico estaba en armonía con la doctrina católica. Contribuyó grandemente en la historia del pensamiento europeo distinguiendo entre filosofía y teología, y, haciendo valer a la vez los derechos de la filosofía como ciencia independiente. Razón y fe son cosas distintas; y la razón tiene sus derechos. La razón es suprema autoridad dentro de su campo propio, pero por ser limitado este campo, hay cosas que la razón no puede descubrir Y verdades que, cuando son conocidas de otro modo que a través de la razón, la razón no puede demostrar que son ciertas. La síntesis de santo Tomás, contenida en su *Summa Theologica,* fue algo revolucionario. Aunque Roma nunca condenó a Santo Tomás, los teólogos de París sí lo hicieron en más de una ocasión, así como también algunos prelados de su propia orden. Sólo a los cincuenta años de su muerte quedó su posición asentada como enteramente ortodoxa.

8. Ramón Llull o la pasión por el diálogo

33 Recuadro N° 21: El averroísmo

34 Cfr. P. HUGHES, *Síntesis de Historia de la Iglesia,* o. c., 161-161.

Ramón Llull (1232-1315) nació en Palma de Mallorca, y fue paje del rey Jaime I, a quien siguió en todos sus viajes. Preceptor y más adelante mayordomo del Infante, el futuro Jaime II, se casó pronto con una noble y rica heredera, de la que tuvo dos hijos. Entregado al placer e incluso a la lujuria, sin dejar de escribir poemas en catalán, llevó una vida mundana y suntuosa. Pero, en 1262, la visión repetida de Cristo crucificado, junto con el encuentro, quizá legendario, de la bella Ambrosia roída por un cáncer, en la catedral de la Ciudad Condal, cambió de la noche a la mañana su vida. Súbitamente arrepentido, Llull se convirtió a una vida consagrada por completo al Evangelio y, en particular, al apostolado de árabes y judíos. Abandonando a su familia y toda su fortuna, se hizo terciario franciscano, peregrinó a Montserrat, Compostela y Rocamadour, realizando posteriormente, durante nueve años, serios estudios superiores en la misma Mallorca, encrucijada de las culturas orientales y occidentales.

En 1272, Llull se retiró al monte Randa, no lejos de Palma, donde recibió la iluminación divina y su vocación evangelizadora. En el Monasterio de la Real, pronto escribiría su *Ars Magna*. Después, en Montpellier, obtuvo de Jaime I subsidios para construir y dirigir en Miramar de Mallorca, un colegio franciscano dedicado a la enseñanza del árabe. De ahí en adelante, el trovador de Cristo recorrerá incansablemente el vasto mundo para combatir en favor de su ideal de unidad y de reforma moral de la cristiandad, así como de conversión de los musulmanes, e incluso del universo pagano; se le encuentra sucesivamente en Roma, París, Abisinia, Bolonia, Armenia, Nápoles, Pisa, Génova, Egipto, Siria, Malta, Palestina, Sicilia, Túnez y hasta con los tártaros. Discute sin cesar con los musulmanes, en ocasiones tolerado, en otras encarcelado, lapidado o expulsado.

En París, se alzó sobre el averroísmo latino que enseñaba la doctrina de la doble verdad: la de la razón y la de la fe. Para Llull, por el contrario, la razón es capaz de probar la verdad de los dogmas. Recibido por Felipe el Hermoso y reclutando discípulos, obtuvo el apoyo de los diversos reyes de Cataluña-Aragón y de los reyes de Sicilia. El Concilio de Viena accedió a algunas de sus demandas al decidir la fundación de cátedras de lenguas orientales y la organización de nuevas misiones. Pero el fracaso de 'Barbaflorida'", como el mismo se denominaba, fue casi total al dirigirse a los papas Nicolás IV, Celestino V, Bonifacio VIII, y Clemente V. Desalentado momentáneamente, el infatigable luchador expresó su decepción en los bellos poemas del *Desconhort* (1295). Pero pronto se recuperaría y volvió con renovado ardor a la obra de evangelización, predicando y polemizando tenazmente. Fue también esta la época de sus grandes obras, desde el *Arbre de filosofía d'amor* hasta *Blanquerna*, etc.

Intentando convencer, una vez más, a los musulmanes de Bugia, en 1315, fue cruelmente lapidado por la multitud, muriendo en el barco que lo llevaba a Mallorca. Enterrado en su ciudad natal, muy pronto fue objeto de culto; su beatificación se produjo en el siglo XIX y su canonización en el XX.

Sus intuiciones básicas se podrían traducir en tres propuestas: la comprensión razonada y la práctica sincera de las propias creencias; un interés positivo por conocer la manera de ser y de pensar del otro; y el establecimiento de un clima de concordia, que facilita el diálogo entre las sociedades, creando, incluso, instituciones adecuadas.

Surgido de un ambiente cultural muy heterogéneo donde las tres Religiones del Libro se codeaban y mezclaban cotidianamente, a la vez que se oponían ferozmente, Llull asignó como meta de su pensamiento la apología del cristianismo por medio de una razón sabiamente conducida. Su hiperracionalismo estaba sostenido por un misticismo ardiente, una filosofía del amor que da la clave de toda su doctrina y de su conducta. El lulismo quiere, al mismo tiempo, que la filosofía sea sierva de la teología, pero también que estas dos ciencias se identifiquen en un último análisis. Reconoce los límites del conocimiento humano, pues sólo la contemplación podrá revelarnos sin velos los secretos últimos de la trascendencia. Y, para prepararnos para la iluminación suprema desde aquí abajo, el filósofo mallorquín propuso la búsqueda de la perfección espiritual y social, mediante la rectificación radical del modo de vida de la cristiandad.

9. La disminución de la influencia papal

El papado consiguió incruentas pero decisivas y humillantes victorias, sobre los reyes Juan de Inglaterra y Felipe Augusto de Francia. La caída de la dinastía de los Hohenstaufen en 1268 trajo la paz al Sacro Imperio Romano. Pero el asalto de Felipe IV de Francia al Papa Bonifacio VIII en 1296 anunció un cambio en la estructura del poder en Europa: el desarrollo de las lealtades nacionales y la disminución de la influencia papal sobre los pueblos del Oeste de Europa.

La residencia de los papas en Aviñón, bajo la protección de los reyes franceses (1303-1378) y el cisma* que se inició el año 1378 con la doble elección de Urbano VI en Roma y de Clemente VII en Aviñón, serán la causa del largo Cisma de Occidente, que, además de debilitar el prestigio de la autoridad del Papa, robustecerá las intromisiones de los Estados en materia eclesiástica. A la muerte de Clemente VII fue elegido como sucesor el célebre entre nosotros 'Papa Luna', cardenal de Aragón, con el nombre de Benedicto XIII (1394-1423), a quien nadie pudo convencer de renunciar a su dignidad, ni siquiera cuando fue abandonado en el castillo templario de Peñíscola. El Concilio de Pisa (1409) y el de Constanza (1411-1415), que terminó con el Cisma de Occidente, se reunieron con una ideología conciliarista*, igual que el de Basilea (1431). En este período se hicieron intentos infructuosos por reunir las Iglesias de Bizancio y Roma.

10. El wicklefismo de Juan Wicklef y el husitismo de Juan Hus

Durante los siglos XIV y XV aparecen estas dos herejías que tienen una base común: el negar y socavar la autoridad del Romano Pontífice, señalando la autoridad individual para interpretar la *Biblia* y despreciando a los sacramentos. Son los precursores y la preparación del Protestantismo*. De hecho se propagaron y tuvieron gran influjo y resonancia en Inglaterra y en el centro de Europa, donde más tarde prendió la llama de las innovaciones protestantes.

Juan Wicklef, inglés, se manifestó como ferviente nacionalista y comenzó a manifestarse contra el Papa y la propiedad el clero. Se manifestó claramente contra el monacato, defendió a Jesucristo como único jefe de la Iglesia, y propuso a la *Biblia* como única fuente de fe. Pese a esto, fue nombrado en 1372 profesor de teología en Oxford. El Papa Gregorio XI (1370-1378) condenó diecinueve proposiciones suyas. A pesar de todo, él y sus partidarios, llamados 'lolardos', hicieron intensa propaganda de sus ideas.

El ambiente de rebelión dejado por los valdenses y albigenses, fomentado posteriormente por las corrientes antipontificias motivadas por el Cisma de Occidente y la herejía de Wicklef, facilitaron la obra de Juan Hus en Bohemia y Alemania. Siendo profesor de Praga desde el año 1396 atacaba la corrupción de la Iglesia. En su *Tratado sobre la Iglesia* negaba que san Pedro fuese cabeza de la Iglesia. Su causa se unió con el nacionalismo bohemio, frente a los alemanes. El Concilio de Constanza (1414-1418) le condenó. En julio de 1415 fue quemado como hereje, y, pocos meses después, su discípulo Jerónimo de Praga. El movimiento husita siguió exaltado hasta que en el Concilio de Basilea, el año 1434, se llegó a un entendimiento.

11. Ruptura del sistema monolítico del escolasticismo

Doctrinas como las de Guillermo de Ockam (1298-1349) iniciaron la vía moderna del pensamiento filosófico, que rompió el sistema monolítico de ordenamiento eclesiástico, intelectual y político del escolasticismo[35]. El interés renacentista por la cultura clásica trajo,

35 Recuadro N° 22: La navaja de Occam

como consecuencia, una relajación de la disciplina clerical, abundando los casos de conducta escandalosa en los eclesiásticos de todos los rangos, debilitándose las convicciones cristianas. Frente a esto se alzaron diversos sectores: a) los predicadores italianos (Bernardino de Feltre, Bernadino de Siena, Girolamo Savonarola[36], etc.) que insistían en el ejercicio de la caridad y la frecuencia de los sacramentos; b) los humanistas (Erasmo, Lefèvre d'Etaples, etc.) intentaban mejorar a la Iglesia uniendo piedad y erudición; c) las personas de la 'devotio moderna', que difundían una nueva espiritualidad orientada hacia Jesucristo y la *Biblia*; d) los obispos hispanos (Hernando de Talavera, Diego Deza, Jiménez de Cisneros, etc.) crearon las primeras instituciones de la Iglesia para la formación del clero; Francisco de Vitoria, en Salamanca, impulsaba un nuevo estilo para los estudios teológicos; y e) el nuevo espíritu reformador de las órdenes religiosas. En el Concilio Lateranense (1512-1517) fracasó el primer intento de asumir este espíritu reformador.

12. Los grandes descubrimientos de la época

En primer lugar cabe señalar los descubrimientos científicos: En el siglo XIV se emplea la pólvora para las armas de fuego; en el siglo XV, el año 1445 Gutenberg inventa la imprenta. También se desarrolla la cartografía y se perfecciona la brújula y otros elementos de navegación que permiten la navegación en alta mar y, como consecuencia de esto, los nuevos descubrimientos.

En segundo lugar, el descubrimiento del Nuevo Mundo: El año 1492 Cristobal Colón lo descubrió para España, que se convirtió, junto con Portugal, durante los siglos XV y XVI en las grandes potencias misioneras, añadiéndose posteriormente Francia en el siglo XVIII[37].

---

36 Recuadro Nº 23: Savonarola juzgado por un catalán

37 Cfr. C. DÍAZ, *Didáctica de las grandes religiones,* Ediciones del Laberinto, Madrid 2000, 143-146.

El descubrimiento del Nuevo Mundo fue un hecho histórico trascendental para la historia, pero, además, estaba cargado de una fuerza simbólica increíble: Significaba que un nuevo mundo se había conocido, enteramente nuevo y distinto de cómo había sido aceptado hasta ahora. Comienza la secularización*, el desencantamiento del mundo, de la sociedad, del ser humano. Se trata de un nuevo nacimiento.

VOCABULARIO

- ABAD: Este Término, derivado del sirio *abba*, que quiere decir 'padre', fue utilizado pronto en la literatura monástica para designar a un monje de experiencia, capaz de ejercer, por su enseñanza, la paternidad espiritual. Más tarde, en el monacato organizado en vida comunitaria de occidente, bajo la influencia de la regla benedictina, pasó a designar al 'superior' en una comunidad. A lo largo de la edad media, como sólo se confería la dignidad de abad los monjes sacerdotes, algunos llegaron a ejercer hasta n los territorios contiguos a sus abadías una jurisdicción casi episcopal, pudiendo conferir las órdenes menores sus súbditos. Algunos abades cistercienses parece que recibieron de los soberanos pontífices la facultad de conferir las ordenes mayores e incluso el sacerdocio.
- CISMA: Del latín *schisma*, que significa escisión, separación o división en el seno de una iglesia o religión.
- CONCILIARISMO: Doctrina que pese a solucionar el cisma, fue rechazada por los Papas y apoyada por los soberanos, ya que sostenía que la autoridad suprema de la Iglesia reside en el concilio general más bien que en el papado; la nacionalización de la Iglesia en cada territorio, teniendo competencia en materia religiosa; y la independencia de los obispos frente al gobierno central de la Iglesia.
- CRUZADAS: Expediciones emprendidas, en cumplimiento de un solemne voto, para liberar los Lugares Santos de la dominación mahometana. El origen de la palabra remonta a la cruz hecha de tela y usada como insignia en la ropa exterior de los que tomaron parte en esas iniciativas. Desde la edad media el significado de la palabra cruzada se extendió para incluir a todas las guerras emprendidas en cumplimiento de un voto, y dirigidas contra infieles.
- ESCOLÁSTICA: El desarrollo de las Escuelas monacales y catedralicias y de las Universidades, trajo consigo el florecimiento de las escuelas y de sus grandes doctores. El nombre de escolástica viene del *scholasticus*, que era la persona quien tenía la dirección de las Escuelas catedralicias. Su objetivo principal era buscar en la Filosofía alguna explicación a la

doctrina católica. Así la Filosofía y la Teología estaban íntimamente enlazadas.

- ÓRDENES DE CABALLERÍA: Durante las cruzadas se fundaron distintas órdenes religiosas que unían el ideal ascético con el caballeresco. Las más importantes fueron los Caballeros de San Juan, los Caballeros del Temple la Orden Teutónica.
- PEREGRINACIÓN: Expresión de una necesidad antropológica, que en el mundo occidental se designó con una palabra de origen latino, que tuvo la fortuna de designar con dos formas tanto el acto *(peregrinatio)* como el actor *(peregrinus)* Encontramos aquí una influencia histórica y otra espiritual: La primera proviene el monaquismo con su '*peregrinatio ascetica*' vivida a lo largo de los caminos; la segunda es la experimentada por los ascetas el espacio.
- PROTESTANTISMO: Fe y ordenamiento cristiano basado en los principios de la Reforma, que fue un movimiento dentro del cristianismo occidental que surgió entre los siglos XIV y XVII, que llevó a la separación de las Iglesias protestantes de Roma. Se enfatiza la autoridad exclusiva de la *Biblia,* la justificación por la fe y el sacerdocio e todos los creyentes. .
- SECULARIZACIÓN: Término que tiene muchos significados. A) Si se trata de secularización jurídica, indica expropiación de los bienes materiales de la Iglesia para destinarlos a fines seculares, realizada por la autoridad política, a menudo contra la voluntad de la misma Iglesia. B) En sentido filosófico-cultural, se entiende por secularización el proceso de alejamiento de la dependencia o tutela clerical y religiosa. C) En sentido ideológico, se entiende la secularidad elevada a programa. Normalmente se entiende por secularización una mentalidad difusa de cerrazón frente a lo religioso. Pero no hay nada que decir si se refiere a la propia autonomía de las realidades creadas. Hay que distinguir secularización de 'secularismo', que indica 'rechazo radical de toda referencia a lo religioso en la actividad humana'.

RECUADROS

Nº 16 Los Templarios:

"En el año 1119 el cruzado francés Hugo de Payns con otros siete caballeros prestó juramento de obediencia al patriarca de Jerusalén, junto con el voto de asumir la defensa y protección de los peregrinos contra los infieles. Los juramentados llevaban vida en común, según el modelo de los canónigos regulares. El rey Balduino II les cedió una parte de su palacio, no lejos del templo, por lo cual recibieron el nombre de templarios. Hugo de Payns partió para Europa y en 1128 obtuvo en el sínodo de Troyes la aprobación de su fundación por los legados papales. San Bernardo compuso para él la regla de la orden y escribió un libro, En elogio de la nueva caballería, que hizo que la orden fuese conocida en toda Europa. Los templarios adoptaron de los cistercienses sus hábitos blancos. Eugenio III les permitió ostentar una cruz roja sobre el blanco manto. La organización definitiva fue aprobada por Inocencio II en 1139. La orden comprendía tres categorías: los caballeros, célibes pero

no sacerdotes, entre los que era elegido el maestre general, los capellanes y los hermanos que hacían servicio de armas y atendían a los enfermos. La gran popularidad adquirida por los templarios, en Francia sobre todo, les aportó grandes riquezas, las cuales fueron causa en 1312 de su trágico fin". (L: HERTLING, *Historia de la Iglesia*, Herder, Barcelona 1981, 208)

Nº 17 Los albigenses:

"Los albigenses establecieron también una diferencia neta entre los puros, perfectos o cátaros, que se caracterizaban por una renuncia total a los bienes terrenales, y los fieles que, normalmente, no participaban de esta abstinencia hasta el consolamentum, sacramento que se recibía antes de morir. Los perfectos dirigían las comunidades y formaban una verdadera Iglesia. Las diversas Iglesias cátaras de Francia, Italia, Dalmacia y Oriente se mantenían unidas en su resistencia común contra Roma. Con el tiempo esta organización se concretó mucho más. Se abrieron escuelas para cátaros en Toscana, Poggibonsi, San Gimignano y Poppi en el Arno. También en Toscana, el obispo cátaro de Florencia extendió su jurisdicción hasta Grossetto y Arezzo, lo que en realidad significaba una extensión a toda la provincia. En 1218, se reunió en Verona una asamblea de Pobres lombardos. Las herejías, originariamente movimientos populares y espontáneos, se fueron consolidando en Iglesias nuevas con sus jerarquías propias". (J. HEERS, *Historia de la Edad Media,* Labor Universitaria, Barcelona 1979, 162)

Nº 18 *Cántico de las criaturas* (Francisco e Asís):

"Tuyas son las alabanzas, la gloria y el honor y toda bendición.
A ti solo, Altísimo, corresponden y ningún hombre es digno de hacer de ti mención.
Loado seas, mi Señor, con todas tus criaturas, especialmente el señor hermano sol,
el cual es día y por el cual nos alumbras.
Y él es bello y radiante con gran esplendor; de ti, Altísimo, lleva significación.
Loado seas, mi Señor, por la hermana luna y las estrellas;
en el ciclo las has formado luminosas y preciosas y bellas.
Loado seas, mi Señor, por el hermano viento
y por el aire y el nublado y el sereno y todo tiempo por el cual a tus criaturas das sustento.
Loado seas, mi Señor, por la hermana agua,
la cual es muy útil y humilde y preciosa y casta.
Loado seas, mi Señor, por el hermano fuego, por el cual alumbras la noche:
y él es bello y alegre y robusto y fuerte.
Loado seas, mi Señor, por nuestra hermana la madre tierra, la cual nos sustenta y gobierna
y produce diversos frutos con coloridas flores y hierbas.
Loado seas, mi Señor, por aquellos que perdonan por tu amor y soportan enfermedades y tribulación.
Bienaventurados aquellos que las sufren en paz, pues por ti, Altísimo, coronados serán.

Loado seas, mi Señor, por nuestra hermana la muerte corporal,
de la cual ningún hombre viviente puede escapar
¡Ay de aquellos que mueran en pecado mortal!
Bienaventurados aquellos a quienes encontrará en tu santísima voluntad,
pues la muerte segunda no les hará mal.
Load y bendecid a mi Señor y dadle gracias y servidle con gran humildad"

Nº 19 Las Universidades:

Tanto en los monasterios como en las catedrales, desde el siglo VIII se habían creado escuelas regentadas por monjes o clérigos. Estas escuelas evolucionaron convirtiéndose en *studium generale,* con la facultad de impartir licencia de enseñar, confirmada por el Papa o por el rey, en cualquier parte. En el siglo XVI el *studium generale* pasó a denominarse *universitas*. La primera universidad y la más importante de la época es la de Bolonia (1119), al principio centro de estudios jurídicos, y con Inocencio VI, ya en 1352, Facultad de Teología. Le siguen después Montpellier (1125), Paris (1150), Oxford (1168), Cambridge (1209) y Salamanca (1239), que alcanzará su mayor prestigio en el siglo XVI. Entre todas as universidades la de París será considerada el centro intelectual de toda la cristiandad.

Nº 20 El averroísmo:

El filósofo español Mamad Ibn Rusd, conocido por el nombre de Averroes (1126-1198), sobre las relaciones entre la religión y la filosofía, opinaba que existían tres clases de entendimiento: el de las gestes sencillas que tomaban la religión al pie de la letra; el de los filósofos que disciernen la verdad que contienen os símbolos religiosos, el de los teólogos, practicantes de un discurso mixto sin alcance intelectual. Opinaba que la verdad, aún siendo única, se presentaba bajo un doble aspecto, simbólico en la religión e inteligible en la filosofía. En la edad media esta idea fue recogida y exagerada en la 'teoría de la doble verdad', según la cual lo que sería verdadero en religión podría ser falso en filosofía.

Nº 21 La navaja de Occam:

Guillermo de Ockam, filósofo inglés, nacido en Ockham, Surrey. Tras ingresar en la orden de los franciscanos, estudió y enseñó Oxford y en Londres. En 1324 se le obliga a presentarse a la curia papal de Aviñón para responder a las acusaciones de herejía, cursadas por un ex-canciller de la universidad Oxford, pero durante el proceso se ve envuelto en dos problemas que alteran el curso de los acontecimientos: Luis de Baviera declara la superioridad del poder civil del emperador sobre el del Papa, y entre el Papa Juan XXII y los franciscanos se declara la denominada 'guerra de la pobreza'. Occam marcha a Baviera, en 1328, reside en Munich y toma partido por el emperador; a partir de entonces escribe sobre temas políticos. La filosofía de Occam se inscribe en la crítica que los franciscanos dirigían a la síntesis entre cristianismo y aristotelismo, intentada por Tomás de Aquino. El punto de partida de la nueva propuesta filosófica de Occam es un empirismo epistemológico que le lleva a ejercer una crítica radical a todo elemento innecesario del edificio filosófico. Admite que es posible conocer intuitivamente lo individual, sin recurso alguno a la abstracción y a entidades ocultas, formas o conceptos, entidades todas, a las que aplica el criterio de economía del pensamiento, conocido como 'navaja de Occam'. El nominalismo se orienta, así, hacia una ciencia física cada vez más interesada en indagar cómo suceden los fenómenos, que en conocer la realidad subyacente a ellos. Se abre un camino para la matematización de la ciencia física por el que transcurrirán lentamente los seguidores occamistas. Condenadas sus obras en París, en 1339, se confirma la prohibición al año siguiente, en Roma, sólo para algunas de sus afirmaciones.

Nº 22 Savonarola un profeta al comprendido:

Girolamo Savonarola, dominico nacido en 1452 en la ciudad italiana de Ferrara, desde joven sintió una profunda aversión por la corrupción. Persona d palabra elocuente, pronto fue el predicador más escuchado de Florencia, ciudad en crisis. En sus apasionados sermones reclamó el retorno de la Iglesia a la pureza y organizó 'hogueras de las vanidades' en las que nobles y comerciantes arrojaban sus objetos más preciados. Alejandro VI, el Papa Borgia, se sintió desafiado, más que por su oratoria, por sus simpatías por el rey francés, Carlos VIII, que ambicionaba Florencia. La Inquisición lo condenó a muerte después de un proceso llevado por el catalán Francesc de Remolins. Savonarola fue ahorcado y quemado el 23 de mayo de 1498. La Iglesia ha tardado casi quinientos años en aceptar que fue un aviso del cisma protestante y se le reconoce su testimonio.

SÍNTESIS HISTÓRICA –III

SIGLO XII:

1115-1153 San Bernardo. Cumbre de la reforma cisterciense.

1122 Concordato de Worms. Termina el litigio de las investiduras.

1147-1149 Segunda cruzada

1189-1192 Tercera cruzada.

1198 Inocencio III es nombrado Papa.

SIGLO XIII:

1202-1204 Cuarta cruzada.

1210 El Papa Inocencio III aprueba la Orden de los Franciscanos.

1216	El Papa Honorio III aprueba la Orden de los Dominicos.
1228-1229	Quinta cruzada.
1232	El Papa Gregorio IX instituye a Inquisición para acabar con la herejía.
1248-1254	Sexta cruzada.
1266-1274	Santo Tomás de Aquino escribe la *Summa teológica.*
1294	Bonifacio VIII es nombrado Papa. Su litigio con la corona francesa.
SIGLO XIV:	
1309-1377	Los papas residen en Avignon.
1378	Cisma de Occidente.
1339	Guerra de los Cien Años.
1345	Quiebra de los bancos florentinos. Crisis económica europea.
1348-1350	Epidemia de peste negra.
SIGLO XV:	
1412	Controversia y guerra hussita.
1453	Caída de Constantinopla en manos de los turcos.
1479	Unión de Castilla y Aragón con los Reyes Católicos
1480	Comienza la construcción de la Capilla Sixtina por iniciativa e Sixto IV.
1481	Establecimiento de la Inquisición española.
1482	Predicación de Savonarola contra la corrupción de la Iglesia.
	Nacimiento de Martín Lutero.
1492	Fin de la presencia musulmana en España.
	Descubrimiento de América or Cristobal Colón.
	Alejandro VI (Rodrigo Borgia) es nombrado Papa.
1493	Bula del Papa confirmando a los Reyes Católicos la posesión de los países conquistados
1496	El Cardenal Cisneros comienza la reforma eclesiástica de España.
1497	Vasco de Gama dobla el Cabo de Buena Esperanza y llega a la India.

MATERIAL DIDÁCTICO

1. Manifestaciones arquitectónicas:

- *Catedral de Barcelona.* Gótico siglos XIII-XV.
- *Catedral de Burgos,* Gótico siglO XIII.
- *Catedral de Vitoria.* Gótico siglo XIV.
- *Monasterio de las Huelgas* (Burgos), Gótico siglo XIII.
- *Monasterio de Guadalupe* Guadalupe (Cáceres), Gótico siglo XIV.

2. Manifestaciones pictóricas:

- BAROCCI, *San Francisco recibe los estigmas,* La Pinacoteca Vaticana
- GOYA, F., *El tribunal de la Inquisición,* Academia de San Fernando de Madrid.
- HUGUET, J., *Consagración de San Agustín,* Museo de Arte de Cataluña (Barcelona).
- MARTORELL, B., *Crucifixión,* Museo de Arte de Cataluña (Barcelona).
- MAESTRO DE SORIGUEROLA, *Frontal de San Cristóbal*, Museo de Arte de Cataluña (Barcelona).
- SERRA, P., *Pentecostés,* Museo de Arte de Cataluña (Barcelona).

3. Manifestaciones cinematográficas:

ANNAUD, J. J., *El nombre la rosa* (1986)

DE LA PATELLIERE, D., *Marco el Magnífico* (1965)

DREYER, C., *La pasión e Juana de Arco* (1928)

GLENVILLE, P., *Becket* (1964)

LEVIN, H., *Genghis Khan* (1965)

TORPE, R., *Ivanhoe,* (1952)

ZEFIRELLI, F., *Hermano Sol, hermana Luna* (1996)

4. Lecturas:

BORDONOVE, G., La vida cotidiana de los templarios en el siglo XIII, Ed. Temas de Hoy, Madrid 1993.

LEKAI, L., Los cistercienses. Ideales y realidad, Herder, Barcelona 1987.

MESTRE GODES, J., *Viaje al país e los cátaros,* Círculo de Lectores, Barcelona 2001

IV. LAS REFORMAS (SIGLOS XVI-XVII)

1. La revolución heliocentrista de Nicolás Copérnico

Nicolás Copérnico (1473-1543), astrónomo polaco, conocido por su teoría heliocéntrica según la cual el Sol se encontraba en el centro del Universo y la Tierra, que giraba una vez al día sobre su eje, completaba cada año una vuelta alrededor de él. La cosmología* anterior a la teoría de Copérnico postulaba un universo geocéntrico en el que la Tierra se encontraba estática en el centro del mismo, rodeada de esferas que giraban a su alrededor En su obra *Commentariolus* se encuentra su primera exposición de un sistema astronómico en la que se habla del movimiento de la Tierra y de la inmovilidad el Sol.

Entre 1543 y 1600 Copérnico contó con muy pocos seguidores. Fue objeto de numerosas críticas, en especial de la Iglesia, por negar que la Tierra fuera el centro del Universo. La mayoría de sus seguidores servían a la corte de reyes, príncipes y emperadores. Los más importantes fueron Galileo (1564-1642) perseguido por el Santo Oficio por defender las ideas copernicanas, conminado a abjurar sus teorías, penado con largas condenas de reclusión y su obra incluida en el índice de los libros prohibidos; y el astrónomo alemán Johannes Kepler (1571-1630), que a menudo discutían sobre sus respectivas interpretaciones de la teoría de Copérnico. El astrónomo danés Tycho Brahe (1546-1601), creador del sistema ticónico, una posición intermedia, según la cual la Tierra permanecía estática y el resto de los planetas giraban alrededor del Sol, que a su vez giraba también alrededor de la Tierra.

Con posterioridad a la supresión de la teoría de Copérnico, tras el juicio eclesiástico a Galileo en 1633, algunos filósofos jesuitas la siguieron en secreto. Otros adoptaron el modelo geocéntrico y heliocéntrico de Brahe. En el siglo XVII, con el auge de las teorías de Isaac Newton (1642-1727) sobre la fuerza de la gravedad, la mayoría de los pensadores en Gran Bretaña, Francia, Países Bajos y Dinamarca aceptaron a Copérnico, mientras que en otros lugares de Europa se mantuvieron duras críticas contra él durante otro siglo más.

2. Los Borgia, la leyenda más negra de Roma

La historia de más de cien años de la familia Borja, así era el apellido valenciano que luego derivó en Borgia, es una peripecia que sería difícilmente imaginable si no fuera real: una familia de la pequeña aristocracia valenciana que en medio siglo da dos papas y una docena de cardenales, que ocupa durante años el centro del poder de la misma Iglesia, que es como decir la Europa renacentista*, que casa a sus hijos con familias reinantes, se convierte en protagonista de las luchas por el poder en Italia, y cierra el increíble círculo produciendo un gran santo jesuita, en plena contrareforma*

El Papa Alejandro VI (1492-1503), a no ser por la trágica muerte de su hijo Juan, podía estar satisfecho, pues sus proyectos de dominio sobre el centro de Italia iban por buen camino, su linaje era titular del más importante ducado de Valencia y su yerno y sus nueras eran miembros de casas soberanas, algo que un muchacho de Xàtiva no hubiera podido ni soñar.

Existe una leyenda según la cual, a principios del siglo XV fray Vicente Ferrer predicaba en Lleida, y le dijo a un joven clérigo y jurista, natural de la ciudad de Xàtiva: "Tú serás Papa, y a mí me harás santo". El caso es que Alfons de Borja, ya anciano, lo contaba como verdadero: él llegó a Papa con el nombre e Calixto III (1455-1458) y promovió a canonización del taumaturgo* valenciano[38].

Cuando Murió Alejandro VI nadie podía imaginar que antes de acabar el siglo un descendiente suyo, Francisco de Borja daría un testimonio tan opuesto al suyo. Juan de Borja, hijo de Alejandro VI, tomó posesión del ducado de Gandia que le había comprado su padre, volvió a Roma y fue asesinado en 1497. Cuenta la leyenda que su nieto el duque Francisco de Borja, hombre de confianza del emperador Carlos V, cuando acompañaba el cadáver de la hermosa emperatriz Isabel a Granada, destapar el ataúd después de tantos días de viaje y ver en que deparaban las grandezas humanas, decidió servir sólo a Dios. Al quedar viudo ingresó en la Compañía de Jesús*, y fue el tercer general de la orden, impulsando la tarea misionera y

38 Recuadro Nº 24: Vicente Ferrer, un santo en la Europa de las tinieblas

la reforma de la Iglesia. Francisco de Borja murió el año 1572 y fue canonizado un siglo más tarde.

3. El movimiento religioso de la reforma protestante

Los dirigentes seculares se volvieron más osados en sus intentos de anexionar o confiscar vastas propiedades eclesiásticas. Esto contribuyó al éxito de las revoluciones teológicas de Lutero y Calvino, entre otros protestantes. En Inglaterra, un cisma surgido a propósito de problemas maritales del rey Enrique VIII, se convirtió, con la aprobación de los Treinta y Nueve Artículos, bajo el reinado de Isabel I, en una revuelta doctrinal comparable con la protestante, lo que se conoce con el nombre de anglicanismo.

La reforma católica, iniciada bajo el Papa Pablo III (1468-1549) y sostenida por la recién fundada Compañía de Jesús, lograría su éxito en las definiciones dogmáticas y la legislación del Concilio de Trento (1545-1563)[39], eliminándose muchas prácticas de corrupción. La Contrareforma se implantó de inmediato en España e Italia, extendiéndose, después, a Francia, Austria, Polonia y otros países donde existían enclaves protestantes. También produjo algún resultado en Inglaterra, Norte de Alemania, Bohemia, y Sur de Holanda.

4. Bartolomé de las Casas primer sacerdote ordenado en América

Bartolomé de Las Casas, 'El apóstol de las Indias', defensor de los derechos humanos e inspirador de la Teología de la Liberación*, nació en Sevilla en 1474 en el seno de una modesta familia de comerciantes que le proporcionó una buena educación. En 1493 presenció la marcha de su padre, Gabriel de Las Casas a América en el segundo viaje de Cristóbal

39 Recuadro Nº 25: El concilio e Trento

Colón. En 1498 regresa Gabriel a Sevilla y cuatro años después, por motivos económicos, se ve obligado a volver a La Española y esta vez le acompaña el joven y ambicioso Bartolomé como doctrinero, convirtiéndose en 1512 en el primer sacerdote ordenado en el Nuevo Mundo. Gracias a sus servicios como capellán castrense en las campañas de la recién ocupada isla de Cuba, obtuvo allí ese mismo año una Encomienda*. Dos años después, Bartolomé de Las Casas empezó a reaccionar contra los abusos cometidos por los españoles en perjuicio de los indios: renunció a su Encomienda y volvió a España para empezar su lucha. Solicitó la reforma de las leyes de Burgos y denunció la corrupción existente en el Real y Supremo Consejo de Indias*; pero la Corona no le prestó atención, en cambio sí que lo hizo más tarde el cardenal Cisneros quién elaboró con Bartolomé un Plan de Reforma de las Indias.

Con el título de 'Procurador de los Indios' embarcó nuevamente con rumbo hacia Santo Domingo siendo recibido con hostilidad por la población y se refugió en el convento de los Dominicos. En 1517 volvió a España para pedir nuevamente la intervención del cardenal regente y del propio rey en favor de su proyecto de colonización pacífica por medio de labradores y misioneros. Por fin, en 1520 el rey firma la autorización de poblar una zona de la costa de Venezuela, 'La Costa de las Perlas'. La opinión popular se mostró en contra de este proyecto. Fue entonces cuando Bartolomé, que se decía de él que más que amar a los indios odiaba a los españoles, desiste de su intento de colonización pacifica e ingresa, en 1522, en la orden dominicana.

En 1533 los jueces se quejan al rey de que Bartolomé se niega a confesar a los encomenderos si éstos no renuncian a los indios asignados. Las Casas continuó gestando su proyecto que puso en práctica en Guatemala, en Vera Paz, donde fueron muy bien acogidos, pero cuando llegaron los soldados españoles se vieron obligados a huir. En 1542 terminó de escribir la obra más escandalosa sobre la labor de España en América: *Brevísima relación de la Destrucción de las Indias* (1542), que supuso el comienzo de la 'leyenda negra' de la conquista del Nuevo

Mundo; e *Historia de las Indias*, impresa en 1875. En 1544 Bartolomé es nombrado obispo de Chiapas. Su simpatía hacia los indios le llevó a pedir que trajeran a América esclavos negros para evitar malos tratos y sufrimientos a los indios, idea de la que más tarde se arrepintió.

En 1547, regresa definitivamente a España, instalándose en Valladolid. en 1550 renuncia al obispado de Chiapas y en ese mismo año tuvo un duro enfrentamiento dialéctico con Ginés de Sepúlveda sobre la manera de llevar a cabo la colonización de América. Las Casas falleció en Madrid en 1566.

5. El Santo Oficio defensor del catolicismo

Parece que fue Ignacio de Loyola[40] el que primero animó al Papa Pío V (1566-1572) a organizar la defensa del catolicismo frente al protestantismo. En julio de 1542 se fundó la Inquisición romana, conocida ordinariamente con el nombre de Santo Oficio. Los primeros inquisidores generales fueron Carafa y el español Toledo. De acuerdo con la bula pontificia que la instituía, la Inquisición debería intervenir en todos los lugares de la Iglesia en que apareciese el error o la sospecha de error. Sus sentencias se fueron haciendo cada vez más rigurosas y el mero hecho del establecimiento del supremo tribunal de la fe dispersó los focos protestantes, obligando a los indecisos a tomar una posición

El antiguo inquisidor general, el Papa dominico Pío V (1566-1572), tomó a su cargo la conservación y defensa de la pureza de la fe. La Inquisición, a cuyas sesiones asistía personalmente el Papa, debía eliminar, mediante severos castigos, los errores que secretamente se habían infiltrado en Italia. Entre las condenas a muerte impuestas por aquellos años, la más famosa fue la de Carnesecchi, antiguo secretario de ClementeVII (1523-1534) Este humanista florentino, que mantenía correspondencia con Juan Valdés, entusiasta de la doctrina de Erasmo*, con quien llegó a establecer una relación de amistad, había sido

40 Recuadro Nº 25: San Ignacio de Loyola, fundador de la Compañía de Jesús

citado varias veces por la Inquisición a partir de 1546[41]. Tras algunas vacilaciones, Carnescechi se negó a retractarse y fue ejecutado en 1567 como hereje. Con él desapareció de Italia el protestantismo luterano.

En España la Reforma nunca hizo gran progreso por cuanto la Inquisición ya estaba allí desde antes. Todo intento de libertad o de pensamiento independiente se aplastaba con mano implacable, bajo la dirección del inquisidor Torquemada (1420-1498), fraile dominico, que en dieciocho años mandó a la hoguera y condenó a cadena perpetua a muchísimas personas en los Autos de Fe[42]. Durante los siglos XVI y XVII la Inquisición extinguió la vida literaria de España, y puso a la nación casi fuera del círculo de la civilización europea. Cuando la Reforma comenzó, España era el país más poderoso del mundo. Uno de los rasgos de la estrategia jesuita era provocar el derrocamiento de los países protestantes. El Papa Gregorio XIII (1572-1585) no escatimó ninguna cosa para impulsar al emperador Felipe II, rey de España, a la guerra contra la Inglaterra protestante. El Papa Sixto V (1585-1590), declaró este proyecto una Cruzada, ofreciendo indulgencias a quien participase en ella. En aquel tiempo España tenía la flota más poderosa que jamás había surcado los mares; pero la orgullosa Armada halló la derrota en el Canal de la Mancha. el año 1588. La victoria de Inglaterra fue el punto crucial del gran duelo entre el protestantismo y el catolicismo, asegurando para la causa protestante no solamente a Inglaterra y Escocía sino también a Holanda, Alemania del norte, Dinamarca, Suecia y Noruega.

6. Giordano Bruno, un fraile aventurero

Todavía hoy existe el monumento a Giordano Bruno (1548-1600) en la bellísima plaza de Campo dei Fiori (Campo de las Flores), en Roma, levantado en 1889 por la masonería*. En esta plaza fue quemado vivo en la hoguera inquisitorial el ex fraile dominico, el 9 de febrero

41 Recuadro N° 26: Los hermanos Valdés

42 Recuadro N° 27: Los Autos de fe escenificación del Juicio Final

de 1600. Éste, decepcionado por el rígido dogmatismo de la Orden se lanzó a la aventura del viaje y del conocimiento. En Ginebra abrazó el flamante cristianismo calvinista. Allí escribió su famosa obra *Expulsión de la bestia triunfante* otros libros de índole filosófica. Recorrió Europa y todos los rincones del saber. Fue de los primeros en aprender mnemotécnica*, cultivando una memoria prodigiosa que le hizo pasar por mago. Estudió a Copérnico* y construyó su teoría sobre un universo infinito, en su obra *Del infinito universo y de los mundos*, escrita en 1585.

La doctrina de Bruno propugnaba un panteísmo en el que existía una exaltación de la naturaleza. Establecía una equivalencia entre el universo y la divinidad. Para él, el universo está penetrado de la vida divina: no es distinto de Dios sino el espejo en el que la divinidad se contempla. Dios es infinito, y el cosmos, que es la manifestación de su esencia, debe ser también infinito. La perfección de Dios se prueba en la perfección del mundo.

Uno de sus discípulos, Giovanni Mocenigo, lo denunció ante la Inquisición de Venecia, quien no se siente a la altura y lo remite al Santo Oficio romano, que lo espera con el máximo interés. Bruno se niega a rectificar ni una coma de cuanto ha dicho y escrito, y llegada la hora de la muerte, amordazado para que no hable, gira el rostro cuando le acercan el crucifijo[43].

7. Juan de la Cruz, maestro espiritual por excelencia

Juan de Yepes nació el año 1542 en Fontiveros, pequeño pueblo situado entre Ávila y Salamanca. Era el tercer hijo de Gonzalo de Yepes, de ascendencia noble, y de Catalina Álvarez, de familia modesta. Gonzalo tuvo que romper con su familia para casarse con Catalina. Tejedor de oficio, a duras penas lograba sacar adelante a su mujer y a sus hijos. Cuando muere, la pobreza de la familia Yepes se convierte en miseria. Catalina lleva entonces

43 Cfr. J. M. GONZALEZ RUIZ, *Los santos que nunca serán canonizados,* Planeta, Barcelona 1979, 103-105.

a sus hijos a Medina del Campo, después de una breve estancia de Juan, en el pueblo de Gálvez (Toledo), en casa de unos familiares[44].

El pequeño Juan prueba diversos oficios como aprendiz, pero sobre todo hace grandes progresos en la escuela de los Hermanos de la Doctrina, hasta el punto de que el director del hospital, Alonso de Toledo, decide encargarse de su educación. Compaginándolo con sus horas de servicio en el hospicio, Juan prosigue sus estudios en el colegio de la Compañía de Jesús. Llegó el momento en que Alonso le propone el puesto de capellán del hospital. Ante el estudiante se abre un camino fácil y confortable. Pero este joven, ávido de absoluto, no busca el confort, y rechaza la proposición, para ingresar en el convento de los carmelitas de la ciudad en 1563. Tiene veintiún años. Juan acaba de escoger un camino del que nunca se desviará. Durante su noviciado lee los antiguos textos del Carmelo, haciendo suyo el ideal de soledad y contemplación de los fundadores de la orden. Ideal que ha sido endulzado por los carmelitas mitigados, en cuyo convento acaba de ingresar. Luego pasará cuatro años en la Universidad de Salamanca, en la que adquiere una sólida formación escolástica y es ordenado sacerdote en 1567. Pero la vida mediocre y demasiado volcada al exterior del Carmelo no le basta. Decide entonces ingresar en la Cartuja, para encontrar las condiciones de silencio y austeridad que le permitan ir a Dios, despojándose totalmente como Jesús e Nazaret, el Cristo, en la cruz.

Pero surge el encuentro de Juan de la Cruz con Teresa de Ávila durante el verano de 1567. Teresa, que acaba de reformar varios conventos de carmelitas, busca la manera de extender la reforma en la rama masculina de la orden. Impresionada por la calidad de vida espiritual que descubre en Juan, le suplica que revise su decisión y tome parte en la reforma del Carmelo.

En Octubre de 1568 tenemos ya a Juan de la Cruz, tal es el nombre que acaba de tomar, en la destartalada casucha de Duruelo, el primer Carmelo masculino reformado. En compañía de

---

44 Cfr. É. GONDINET, *Juan De la Cruz, el poeta de la noche,* 2000 años de Cristianismo Nº 6, Ediciones Sedmay, Madrid 1979, 38-42

algunos hermanos, lleva allí una vida tan austera que Teresa tiene que imponerle moderación. Mientras la reforma sigue adelante. Juan es enviado a Pastrana como maestro de novicios, y luego a Alcalá, como rector de la casa de estudios que el Carmelo abre en la Universidad, y, por último, al convento de la Encarnación de Ávila, donde durante cinco años es confesor de Teresa y de sus hijas, persiguiendo juntos la misma meta.

Pero su éxito provocó reacciones. Entre los carmelitas mitigados, que ven desiertos sus conventos, crece el mal humor, hasta que deciden dar un golpe definitivo a la reforma, pidiendo la excomunión de las hermanas que acaban de reelegir a Teresa como superiora y secuestrando al que es el alma de la 'rebelión'. Durante la noche del 3 al 4 de diciembre de 1577 se apoderan de Juan de la Cruz y, con los ojos vendados para que no sepa a donde le conducen, lo llevan a su convento de Toledo, pensando que la soledad y los malos tratos conseguirán vencer su resistencia renuncie la reforma.

En la experiencia de soledad y de abandono en la cárcel, sabe descubrir que, en el proceso espiritual, este 'horror nocturno' es positivo, pues es el paso de la acción divina en el alma, experimentando, unido a Cristo crucificado, 'el silencio de Dios'. Por esto, cuando más tarde Juan de la Cruz quiso educar y alentar sobre la manera de llegar a la unión mística simbolizó este camino como una senda empinada y angosta, lo que exige al caminante desprenderse de todo, asumiendo generosamente la negación de las criaturas. La purificación se realiza a nivel del sentido y de espíritu, a través de tres instrumentos decisivos: la fe, la esperanza y la caridad. Esto queda reflejado en sus versos sobre la 'doctrina de las nadas'[45]. Este es el camino, nos dice el santo, de llegar a la desnudez espiritual, a su quietud y descanso, porque se está á en el 'centro de la humildad'.

Poco a poco, la noche se ilumina para convertirse en presencia divina. Si todavía es 'oscura', lo es en la medida en que supone un deslumbramiento, un exceso de luz, en el que el alma queda cegada por el resplandor del ser divino. Llega entonces la persona, por puro don de

45 Recuadro Nº 28: Doctrina del camino espiritual de san Juan de la Cruz

Dios, a la unión mística que la diviniza. Gozo indecible y ardiente de quien por fin encuentra lo que buscaba y vive de la vida misma de Dios.

Es en la cárcel cuando inicia la composición del *Cántico espiritual*, al oír a lo lejos cantar a un enamorado. Como no tenía tinta ni papel, al componer los versos, los repetía insistentemente para no olvidarlos. Al cabo de nueve meses, el 16 de agosto de 1578, Juan, aprovechando que la vigilancia de los guardianes se había relajado, consigue evadirse y llegar al convento de las carmelitas reformadas.

Felipe II encarga al nuncio resolver el conflicto entre mitigados y descalzos, y a partir de entonces estos se ven libres para extender su reforma. Juan de la Cruz es prior del convento de los Mártires, cerca de Granada, de 1582 a 1588. A petición de los frailes, monjas y seglares a quienes dirige espiritualmente, redacta los comentarios de los poemas escritos en la cárcel toledana.

Los últimos años de su vida se ven ensombrecidos por las divisiones en el seno mismo de los descalzos. El provincial, Nicolás Doria, vuelve a poner en cuestión la reforma acometida por Teresa de Ávila y Juan de la Cruz. Tiene intención de centralizar fuertemente la orden, orientándola a menesteres apostólicos. Juan, que se opone a ello, viéndose privado de todo cargo. En el capítulo de 1591 Doria es reelegido como provincial. Juan de la Cruz sale sin cargo, dispuesto a ir a Méjico. Doria lo relega al lejano convento de la Peñuela (Jaén), intentando desprestigiarlo y recogiendo testimonios manipulados para poder expulsarlo de la Orden.

Juan, enfermo, cubierto de úlceras ha de ser transportado a un convento en el que se le pueda atender convenientemente. Le proponen el convento de Baeza, en el que ha sido prior. Juan prefiere quedar en el olvido, escoge Úbeda, donde no se le conoce, y donde el prior, que no lo quiere, no le escatima injurias ni reproches. Destrozado por el sufrimiento físico, lo acepta todo como venido de la mano de Dios. El 13 de diciembre de 1591 se fue a cantar maitines al cielo[46].

8. La nueva vitalidad de la Iglesia: Francisco Javier

El mismo año de la fundación de la Compañía de Jesús, Ignacio de Loyola puso a disposición del embajador portugués, que le había pedido por encargo del rey sacerdotes para las Indias orientales, a Francisco Javier y a Rodríguez. En abril de 1541 embarcó en Lisboa el joven navarro. Rodríguez fue retenido por el rey en Lisboa. Tras una penosa navegación de trece meses Francisco Javier desembarcó en Goa, costa suroeste de la India.. Al principio dedicó su labor a sus compatriotas marinos, mercaderes y colonizadores; después se dirigió a los gentiles, bautizando a unos diez mil nuevos conversos. Visitó Ceilán, marchó a Malaca, desembarcó en las Molucas y volvió de nuevo a Malaca. Por todas partes su empresa era bendecida con grandes éxitos. Su presencia y su palabra sobrecogían a las masas. Escribía de sus tareas misioneras a Ignacio y a los hermanos de la Orden en Europa. Sus cartas fueron impresas en 1545 y leídas en todas las casas de la Compañía, entusiasmando a los nuevos religiosos, que deseaban marchar también al Oriente[47].

Francisco Javier no se detuvo en la India. Con unos pocos compañeros partió hacia Japón donde llegó el año 1549, logrando establecer una comunidad. Como Ignacio le había nombrado superior de la nueva provincia india de la Orden, Francisco Javier volvió a Goa en 1552 ocupándose en la formación del clero indígena. En el verano de 1552 marchó de nuevo al norte, llegando hasta la costa de China buscando una manera para penetrar en ese Imperio cerrado a los extranjeros. Después de más de dos meses de inútil espera, murió solo, acompañado de su cocinero chino, el 3 de diciembre de 1552.

---

46 Recuadro Nº 30: Una influencia constante en la cultura universal

47 Cfr. H. TÜCHLE, *Nueva Historia de la Iglesia,* Cristiandad, Madrid 1987, 289-290.

Mientras el cristianismo europeo se dividía, nuevas perspectivas se abrían a la labor misionera de la Iglesia con el descubrimiento del continente americano y los viajes al lejano Oriente. Los reinos de Castilla y Portugal dirigían esta tarea, a la que se asociaron franciscanos, agustinos, dominicos, jesuitas y capuchinos. A partir de 1622, con la creación de la Congregación de la Propaganda de la Fe, el Papa quiso asumir la dirección del movimiento misional. El deseo de unos cuantos misioneros de adaptarse a las culturas a las que habían sido enviados, en China con Matteo Ricci y en la India con Roberto de Nobili[48], planteó la cuestión de los ritos chineses y malabares, culminando, después de una larga controversia, en su prohibición por parte del Papa Benito XIV (1742-1744), lo que ha contribuido al retraso de la expansión del cristianismo por estos países.

9. El barroco arte de la Contrareforma

Actualmente entendemos el barroco como un estilo que, a lo largo del siglo XVII y parte del XVIII, se nos muestra ya definido en sí mismo, con un lenguaje propio y complejo que ofrece diversas soluciones estéticas y formales, y con una visión contradictoria y a la vez unitaria fruto del espíritu de la época. El clasicismo será un elemento consustancial. La plástica y la arquitectura estuvieron durante la época del barroco al servicio del poder de la Iglesia, el rey y la burguesía. Cada uno de ellos utilizó el arte para sus propios fines..

El concilio de Trento, recomendó, que el arte sacro fuera claro, sencillo y comprensible, potenciando su carácter didáctico; que tuviera una interpretación realista y estimulara de manera sensible, no razonada, la piedad. Este inicio de la plástica barroca tuvo en el naturalismo su más fiel reflejo, y fue el resultado de dos fuerzas contrapuestas: una espiritual de la Contrarreforma y otra del poder, ya consolidado en el panorama político europeo, que cambió sus métodos plásticos por otros de mayor eficacia y persuasión.

48 Recuadro Nº 31: Adaptación de la misión en China y en la India

El barroco s un arte extremista que interpreta a la perfección el sentimiento religioso llevándolo a sus últimas consecuencias. Esto se puede ver, por ejemplo, en el arrebato místico que Bernini imprimió n su obra *El éxtasis de Santa Teresa* (1644) o en las representaciones de dolor n las representaciones de martirio para estimular la piedad, como por ejemplo en *El martirio de San Bartolomé*, de Ribera realizado el año 1639.

La gran cantidad de iglesias barrocas que se construyeron fueron fruto de la creciente vida de oración de los fieles, lo que llevó a ampliar los espacios con gran cantidad de luz, como *La capilla de la Purísima Concepción* de la Catedral de Tarragona.

La Contrarreforma y el absolutismo fueron conceptualmente los que potenciaron el arte barroco. Sin embargo, la amplia geografía en la que se desarrolló dio lugar a diversas tomas de postura estéticas. El arte barroco es en arquitectura y escultura fundamentalmente italiano y en pintura flamenco e italiano. La España católica hizo suyos los conceptos ideológicos y teóricos de la plástica y la arquitectura, aunque aportará una gran originalidad, a la vez que dependencias notables, italianas y francesas primordialmente[49]. A medida que se calmaba la crisis protestante, la Iglesia tuvo que enfrentarse con el galicanismo*, jansenismo* y el quietismo*.

10. Las reducciones jesuíticas

En América se tomaron medidas por parte de los capuchinos y jesuitas para proteger a los indios de la codicia de los ambiciosos, favoreciéndoles en esta empresa el real decreto de Felipe II en el año 1610, prohibiendo que ninguna persona particular pudiese emplear por la fuerza a los indios a trabajar para él. En este sentido fueron ejemplares las 'reducciones'o aldeas cristianas, situadas entre los ríos Paraguay y Paraná, que fueron habitadas rápidamente

49 Cfr. J.-R. TRIADÓ, *El Barroco, Historia del Arte de España,* Lunwerg Editores, Barcelona 1996, 293

por guaraníes. Cada una de ellas podía tener hasta 30.000 habitantes. Habían sido levantadas conforme a planos bien estudiados. En el centro estaba la iglesia, de piedra arenosa, adornada de rica fachada; junto a ella, el campanario; y en la plaza, en torno a la iglesia, se situaban las escuelas, la casa de los padres, un edificio para los enfermos, las viudas y los forasteros. Después venían alineadas las casas de las familias particulares, casas que más tarde fueron también construidas de piedra. El molino y otras industrias se hallaban en las afueras del pueblo. El labrantío era propiedad común, así como los aperos de labor. Sin embargo, el jefe de familia no sólo poseía un huerto en torno a la casa, sino que recibía también una parcela de bien común para su labranza, de la que debía entregar a la comunidad ciertos productos. Con el importe de éstos se pagaban los impuestos reales y se atendía a los enfermos y ancianos. El trabajo era obligatorio y estaba controlado, pues los indios no estaban acostumbrados a un trabajo fijo. Leyes sencillas regulaban la vida común. El castigo más fuerte y mayor era la expulsión. Junto a los jesuitas había un alcalde nativo elegido, pues a los europeos no se les permitía vivir en estos pueblos[50].

Los jesuitas asumieron la lengua guaraní, la conservaron con entusiasmo, introdujeron gramáticas y la registraron en diccionarios aunque el relato mítico se fue perdiendo. La música alcanzó alturas inimaginables en otras parecidas latitudes. La combinación de bienes privados y comunitarios, el trabajo coordinado, el intercambio de productos que ya estaba presente en la cultura guaraní forjaron una gran organización cooperativa muy dinámica.

Los colonos españoles sintieron envidia de este desarrollo creciente e intentaron en el periodo 1721-1735 desbaratar el comercio indígena detentado por las misiones, lo que se ha denominado la 'revuelta de los encomenderos' y las reducciones tuvieron que defenderse sin ninguna ayuda, incluso de los comerciantes de esclavos que llegaban desde Sao Paulo.

La presión y el cerco se agudizaron y en este contexto se produjo la guerra de los guaraníes (1753-1756) contra el tratado de límites hispano-portugués que cedía siete pueblos misioneros

---

50 Cfr. TÜCHLE, H., o. c., 298.

a los colonos portugueses, episodio que no pudo impedir ni retrasar la ya inminente disolución del sistema de las reducciones y la subsiguiente continuación del mestizaje. La rebelión india sirvió de pretexto a Carlos III y a su ministro el conde Aranda para decretar la expulsión de la Compañía de Jesús en 1767. La experiencia de las reducciones había terminado. Los poblados fueron destruidos o entraron en decadencia y los indios huyeron a la jungla o a tierras de colonos. Apenas sobrevivió algún vestigio de la ingente labor desarrollada en la cuna misma de la cultura guaraní, que en un principio tanto se había imbricado con la hispana[51].

La expulsión de los jesuitas provocó la desaparición de los pueblos aborígenes y la desorientación de los indígenas que no pudieron mantenerse sin la 'guía' de los jesuitas. En el marco natural de la selva misionera viven hoy alrededor de dos mil a tres mil indios guaraníes. Conservan sus primitivos sistemas de cultivo, parte de sus creencias, y se dedican sobre todo a la cestería que comercializan y que es su principal fuente de ingresos. De la caña de bambú y de las lianas del monte extraen el material necesario para confeccionar canastos, pulseras, bolsos, cruces, que venden a los turistas al borde de los caminos o en tiendas de artesanía guaraní. Viven ocultos en la selva de Misiones, en aldeas tradicionales o en reservas a cuyo frente se encuentran distintas órdenes religiosas. Siguen hablando una de las lenguas más antiguas, elegantes y ricas que se conocen, y que hoy a casi cinco siglos del descubrimiento y conquista de América, continúa sien-o la lengua predilecta de la gente de Paraguay, y de importantes núcleos demográficos en Matto Grosso, en los Estados de Paraná, Río Gran del Sur y San Pablo en Brasil, y entre los chaqueños y cruceños en Bolivia.

11. Reseñas de santidad de esta época

51 Cfr. PUIG DE LA BELLACASA, J. M., *Las reducciones del Paraguay, una utopía imperdonable,* La Vanguardia, Barcelona 23 de junio 1991.

Durante la segunda mitad del siglo XVI nos encontramos n Roma a san Felipe Neri, íntimo amigo de san Ignacio de Loyola, desarrolló en Roma una incansable actividad como confesor y amigo y consejero de toda clase de gente, desde los más altos a los más humildes: era un temperamento siempre alegre y original, pero además muy inteligente y hábil. La comunidad por él fundada de los oratorianos, no constituía una orden propiamente dicha, sino una asociación de sacerdotes sin votos especiales; y a san Camilo de Lelis, fundador de una orden de clérigos regulares dedicada al auxilio espiritual de enfermos y moribundos. La cruz roja que Camilo y los suyos ostentaban sobre el pecho y que se hizo popular en todos los hospitales y campamentos, se convirtió con el tiempo en distintivo de los servicios sanitarios, especialmente en la guerra. Hay que recordar también al español san José de Calasanz, a quien. se debe la primera escuela pública abierta en Roma (1597) y la creación del instituto religioso de las Escuelas Pías, más conocidos por escolapios.

En Francia hay que destacar al santo doctor de la Iglesia Francisco de Sales, que murió en 1622, obispo de Ginebra-Annecy, uno de los escritores ascéticos más leídos de la Edad Moderna. Otro santo muy popular fue Vicente de Paul, que falleció el año 1660, fundador de las formas modernas de caridad.

Entre las mujeres que destacaron por su santidad, merecen citarse: Luisa de Marillac, viuda Le Gras, que con san Vicente de Paúl fundó las Hermanas e la caridad; santa Francisca de Chantal, fundadora con san Francisco de Sales de la orden de a Anunciación. A esta orden pertenecía santa Margarita Alacoque, que al hacer revivir la devoción al Corazón de Jesús dio un fuerte impulso a la moderna piedad católica.

VOCABULARIO

- COMPAÑÍA DE JESÚS: Orden fundada por san Ignacio de Loyola el 27 de septiembre de 1540.

- CONTRAREFORMA: Reforma y revitalización de la Iglesia católica romana como reacción a la reforma de la Iglesia protestante. Sus reformas fueron proyectadas sobretodo por el concilio de Trento (1545-1563).
- COSMOLOGÍA: Parte de la filosofía que estudia el universo o cosmos, su origen, su estructura y las leyes generales que lo rigen. En otro tiempo estuvo muy relacionada con la metafísica. En la actualidad se denomina filosofía natural o filosofía de la naturaleza.
- ENCOMIENDA: En América, institución de contenidos distintos según tiempos y lugares, por la cual se señalaba a una persona un grupo de indios para que se aprovechara, ya del trabajo de ellos (encomienda originaria o de servicios), ya, posteriormente, de una tributación tasada por la autoridad (encomienda de tributo), y siempre con la obligación, por parte del encomendero, de procurar y costear la instrucción cristiana de aquellos indios
- ERASMO DE ROTTERDAM: Teólogo y humanista holandés que vivió entre los años 1467-1536. Espíritu enciclopédico y abierto. Pretendió una reforma pacífica de la sociedad. Escribió *De libero arbitrio, Coloquios, Adagios y Elogio de la locura* entre otros textos. Propugnaba un cristianismo más auténtico y menos formulista, mediante una vuelta a la Iglesia primitiva, la *Biblia* y la supresión de ritualismos. Contó con el apoyo de Carlos I y numerosos seguidores en España, entre los que se encuentran los hermanos Valdés.
- GALICANISMO: El apogeo de la Iglesia en Francia tuvo el contrapeso del absolutismo de Luis XIV y la tendencia nacionalista francesa.
- JANSENISMO: Una derivación de las ideas protestantes, que lleva a secar la piedad y a fomentar un espíritu de soberbia y de rebeldía contra la jerarquía católica.
- QUIETISMO: Tendencia morbosa de una piedad o mística exagerada en un momento de gran efervescencia del sentimiento católico. Cuando la persona llega al estado de perfección que es el quietismo, entonces es incapaz de pecar. No hacen falta, más bien estorban, oraciones y obras externas.
- MASONERÍA: Asociación secreta de personas que profesan principios de fraternidad mutua, utilizando emblemas y signos especiales. Se agrupan en entidades llamadas logias.
- MNEMOTÉCNICA: Arte que procura aumentar la capacidad y alcance de la memoria. por medio del cual se forma una memoria artificial.
- REAL Y SUPREMO CONSEJO DE INDIAS: Creado en Sevilla el año 1527, le compete todo lo relacionado con América, como as leyes, decretos administrativos etc. Es asimismo tribunal de apelación para las sentencias emitidas tanto en las Indias como por la Casa de Contratación, que era el gran almacén de mercancías entre España y América.
- RENACIMIENTO: Época que comienza a mediados del siglo XV, en que se despertó en Occidente vivo entusiasmo por el estudio de la antigüedad clásica griega y latina

- TAUMATURGO: Palabra que viene del griego *taumaturgo,* que significa persona que hace milagros y cosas maravillosas.
- TEOLOGÍA DE LA LIBERACIÓN: A diferencia de las teologías europeas progresistas que centran su reflexión en la oposición concreto-abstracto, en la teología de la liberación se busca la contraposición dominación-liberación, no con un método deductivo-inductivo, sino en la relación de interpretación-transformación de la dura realidad.

RECUADROS

Nº 23 Vicente Ferrer, un santo en la Europa de las tinieblas:

"La vida de Vicente Ferrer coincide con una época que ha sido definida por los historiadores como de madurez y crisis del universo cristiano. La segunda mitad del siglo XIV y el primer tercio del XV fueron un tiempo de guerras incesantes en Francia y en Inglaterra, en la península Ibérica y en las ciudades Italianas, y de avance constante de los turcos por la Europa oriental, con la amenaza que eso representaba para la cristiandad bizantina y para las rutas comerciales. Un tiempo de pestes recurrentes -la 'muerte negra', una y otra vez- que provocaban la sensación repetida de ser objeto de la rnaldición divina que castiga a los humanos por sus pecados. 0 la fantasía de ser víctimas de tenebrosos complots por parte de los judíos, que fueron objeto de persecuciones y de matanzas.

En este contexto histórico, puede entenderse el impacto de una figura como la del santo valenciano, nacido en 1350 y muerto en Bretaña en 1419, que no solamente influyó en todos los ámbitos de la vida eclesiástica, civil y política (cisma de Aviñón, el Papa Luna, el compromiso de Caspe), sino que intervino en los conflictos urbanos, luchas de facciones o persecución de los judíos, y, sobre todo, se convirtió en el más célebre predicador itinerante de su tiempo, que recorrió más de media Europa, y en uno de los más famosos taumaturgos del santoral cristiano. Era un hombre que creía en la inminencia del final de los tiempos y en su misión de anunciador del Juicio Final. Esta figura de ángel del Apocalipsis es una imagen que expresa solamente un aspecto de la prodigiosa aventura histórica del santo, pero que nos recuerda el tiempo que le tocó vivir"(J. F. MIRA, *San Vicente Ferrer. Vida y leyenda de un predicador*, Algar Editorial, Alzira (Valencia) 2002.)

Nº 24 El concilio de Trento:

El año 1542 fue convocado por el Papa Paulo III el concilio, que se inauguró tres años después en Trento, ciudad al norte de Italia. Y fue clausurado por Pío IV el 26 de enero de 1564, después de abarcar el pontificado de cinco papas. En el concilio se fijó la doctrina católica, se establecieron las bases para una profunda reforma y se puso en marcha la renovación de la Iglesia:

A) En el aspecto doctrinal, el concilio de Trento supuso una reacción contra las tesis protestantes, abordando los puntos de la fe que habían sido causa de controversia: - se fijó la lista de los libros de la

Biblia reconocidos por la Iglesia como inspirados; - se reconoció la traducción latina de la Biblia hecha por San Jerónimo, la *Vulgata*, como texto oficial de la Iglesia; - se definieron como fuentes de la revelación la Sagrada Escritura y la Tradición; - se aceptó el valor del magisterio de la Iglesia para interpretar la *Biblia*; - se declaró que las buenas obras son necesarias junto con la fe para obtener la salvación; - se trató con amplitud de los sacramentos y del pecado original, que es borrado por el Bautismo; - se definieron los siete sacramentos, siendo el centro de todos ellos la Misa, especialmente, en cuanto sacrificio expiatorio, además de acción de gracias y de alabanza.

B) En el aspecto disciplinar, se estableció una multitud de reglamentos en orden a reformar la vida de los obispos, de los religiosos y del clero: - a los obispos se les exigió residir en su diócesis y se les instó a visitar sus parroquias; - a los cardenales y obispos se les obligó a enviar a Roma la relación de los beneficios que disfrutaban y se les permitió elegir sólo uno de ellos; los restantes se declararon vacantes y fueron concedidos a otros; - se mandó construir seminarios para la formación de los sacerdotes; - en las catedrales se establecieron canonjías para enseñar la Sagrada Escritura y la teología; - se pidió a los sacerdotes que predicaran los días festivos, a los religiosos que vivieran en comunidad y a las monjas que guardaran clausura; - se publicó un catecismo recogiendo la doctrina del concilio.

Nº 25 San Ignacio de Loyola, fundador de la Compañía de Jesús:

Ignacio de Loyola (1491-1556), sacerdote español fundador de la Compañía de Jesús, orden religiosa de la Iglesia católica más conocida por el nombre de jesuitas. Nació en el castillo que su familia tenía en Azpeitia (Guipúzcoa) y de joven fue paje en la corte de Fernando el Católico. Hizo la milicia a las órdenes de Antonio Manrique de Lara, resultando herido en una pierna, en 1521, durante la defensa de Pamplona ante los ataques franceses. Mientras se recuperaba leyó varios libros religiosos que le llevaron a consagrarse a la vida religiosa. Después de peregrinar al monasterio de Montserrat, en 1522, se retiró a una cueva cerca de Manresa, donde vivió y rezó durante diez meses con una gran austeridad, tras lo cual emprendió un viaje de peregrinación a Jerusalén. Regresó a España en 1524 y estudió en las universidades de Barcelona, Alcalá de Henares y Salamanca. En 1528 marchó a París, en cuya universidad se licenció en artes y, al año siguiente, fundó una fraternidad piadosa que, más tarde, terminaría por convertirse en la Compañía de Jesús. En 1537 los miembros de la fraternidad se dirigieron a Roma, donde Loyola fue ordenado sacerdote el año 1538, y recibieron el permiso oral del Papa Pablo III (1534-1549), quien emitió la confirmación oficial de la orden en 1540. La Compañía fue declarada exenta de jurisdicción episcopal, de tributación y de tener a su cuidado la dirección espiritual de religiosas. Un año después, san Ignacio fue elegido primer general de la orden y, además de administrar los asuntos de la Compañía, se dedicó a completar la redacción de sus *Ejercicios espirituales* y a escribir las *Constituciones de la orden,* terminadas después de su muerte, el 31 de julio de 1556, que, en lo sustancial, nunca han sido modificadas. Fue canonizado por el Papa Gregorio XV el año 1622.

Nº 26Los hermanos Valdés:

A) Alfonso de Valdés (Cuenca, 1490 – Viena, 1532) fue un notable humanista español seguidor de Erasmo como su hermano Juan. Su erasmismo e llevó a la sátira abierta, como se puede constatar en sus *Diálogos de las cosas ocurridas en Roma* (1527).

B) Juan de Valdés (Cuenca, 1499 – Nápoles, 1541) seguidor de la doctrina de Erasmo, con quien legó a establecer amistad. Su *Diálogo de la doctrina cristiana, nuevamente compuesto por un religioso,* escrito anónimo del año 1529, fue denunciado ala Inquisición. Su doctrina del 'beneficio de Cristo', alcanzó gran difusión en Italia, e influyó en España, especialmente en san Juan de Ávila y fray Luis de Granada.

Nº 27 Los Autos de fe escenificación del Juicio Final:

Los Auto de fe eran la lectura pública y solemne de los sumarios de los procesos del Santo Oficio y de las sentencias que los inquisidores pronunciaban estando presentes los reos o efigies que los representen, concurriendo todas las autoridades y corporaciones respetables del pueblo y particularmente el juez real ordinario, para que luego pronuncie sentencias de muerte y fuego conforme a las leyes del reino contra los herejes, y enseguida las haga ejecutar, teniendo a este fin preparados el quemadero, la leña, los suplicios de garrote, y verdugos, a cuyo fin se le anticipan los avisos oportunos por parte de los inquisidores.

El lugar de celebración del auto público general era normalmente la plaza de la ciudad, si bien desde finales del siglo XVII se fue realizando cada vez más en el interior de las iglesias mayores. El pueblo podía conocer el tipo de pena infligido a los prisioneros gracias a su posición en el cortejo y su vestimenta. El orden de los reos era gradual, de menor a mayor pena. Los relajados o condenados a la pena capital eran acompañados por religiosos con el objeto de reconfortarles y, si era posible, llevarlos al arrepentimiento antes del suplicio para que muriesen en el seno de la Iglesia. Detrás de los relajados seguían las estatuas de los reos huidos o muertos. Estas estatuas llevaban su correspondiente sambenito (Escapulario, generalmente de color amarillo, que se ponía a los penitentes). Todos llevaban cirios en sus manos, pero apagados, Sólo tras la ceremonia de abjuración y reconciliación esos cirios se encendían, como símbolo de la luz divina que ilumina las tinieblas.

Poco después del cortejo de los reos salía de la sede del tribunal el cortejo de los inquisidores. En primer lugar iba el estandarte del Santo Oficio, ocupando un lugar central en la procesión y era portado por el fiscal. Cerrando la comitiva iba en lugar preeminente el inquisidor más antiguo flanqueado a su derecha por el obispo y a su izquierda por un representante de la justicia secular.

Nº 28 Doctrina del camino espiritual de san Juan de la Cruz:

"Para venir a gustarlo todo,

no quieras tener gusto en nada.

Para venir a poseerlo todo,

no quieras poseer algo en nada.

Para venir a serlo todo,

no quieras ser algo en nada.

Para venir a saberlo todo,

no quieras saber algo en nada.

Para venir a lo que no gustas,

has de ir por donde no gustas.

Para venir a lo que no sabes,

has de ir por donde no sabes.

Para venir a lo que no posees,

has de ir por donde no posees.

Para venir a lo que no eres,

has de ir por donde no eres."

(*Subida del Monte Carmelo*13,10)

Nº 29 Adaptación de la misión en China y en la India:

A)"Ricci, libre de todo orgullo de superioridad occidental, supo hallar una relación positiva con la sabiduría china. Creyó ver en ella signos claros de un monoteísmo e incluso del nombre de Dios 'Señor del cielo', que parecían adecuados para la predicación cristiana., Con esta abertura espiritual Ricci escribió libros sobre cuestiones de teología natural, a fin de establecer las bases para una labor más amplia de conversión. Con su postura ganó creyentes sobre todo en los círculos cultos e influyentes, a los que permitió el uso del nombre chino de Dios, la veneración a Confucio y el culto a los antepasados, pues veía en esto sólo fórmulas y usos civiles, pero excluyó los actos de sacrificio propiamente dichos Su abertura y la de sus colaboradores facilitó grandes progresos y, tras una audiencia con el emperador, logró incluso la fundación de una misión, la construcción de una iglesia en Pekín y el bautismo de varios miembros de la casa imperial. Cuando Ricci murió podía considerarse que la misión estaba ya asegurada con la existencia de una comunidad de cerca de mil cristianos, pertenecientes en su mayoría a las clases más cultas. Mas como el sucesor de Ricci no quiso autorizar las concesiones que hiciera aquél, fue expulsado de Pekín".

B)"También en la India se llegó a una amplia adaptación a las leyes sociales del país. Por los años en que Ricci vivía como mandarín en. Pekín, el jesuita italiano P. Roberto de Nobili (1577-1656) solicitaba el ingreso en la casta de los brahmanes. Había llegado al sur de la India en 1606 y pronto vio que el método misional empleado hasta entonces por los portugueses en las fronteras de sus colonias no era eficaz. Ningún hindú se dejaba bautizar por un sacerdote europeo que frecuentase el trato con el pueblo bajo e incluso con los intocables. Así Nobili, con el permiso de su obispo, se aisló de sus compañeros y en una choza, con traje de brahmán, llevó la vida propia de un penitente indio, aprendió la lengua sagrada y los tres idiomas usuales en el país, leyó la sagrada escritura de los hindúes y se presentó como profesor al estilo de los brahmanes. Además declaró que no procedía de europeos vulgares y corrientes, sino de- príncipes, y que desde su juventud había llevado vida de penitente, lo que en este jesuita de tan noble linaje encontraba plena justificación" (H. TÜCHLE, *Nueva Historia de la Iglesia,* Cristiandad, Madrid 1987, 294-295)

SÍNTESIS HISTÓRICA-IV

SIGLO XVI:

1500 Nace Carlos V en Gante.

1503 Muere el Papa Alejandro VI. Le sucede Julio II, el Papa que llevará a Roma a Miguel Ángel a Rafael.

1504 Muere Isabel la Católica, Regencia de Fernando el Católico y Cisneros.

1508 Miguel Ángel pinta la Capilla Sixtina

1510 Los portugueses conquistan Goa. Dominio portugués en las costas asiáticas.

1516 Muere Fernando el Católico.

1517 Muere Cisneros y Carlos V inicia su reinado n España.

Lutero clava las 95 tesis contra las indulgencias en la puerta de la iglesia del castillo de Wittenberg.

1519 Carlos V es elegido emperador de Alemania.

Hernán Cortés inicia la conquista de Méjico

1520. Excomunión de Lutero.

1521 Dieta de Worms: condena de Lutero que se retira al castillo de Wartburg.

Muere el Papa León X, el Papa del Renacimiento.

Proceso de conversión de Ignacio de Loyola

1522 Primera vuelta al mundo de Juan Sebastián Elcano.

1535 Acta de Supremacía de Inglaterra. Enrique VIII rompe con Roma.

Ejecución de santo Tomás Moro.

1536 Muere Erasmo de Rótterdam.

1540 Se aprueba la Compañía de Jesús

1541 Calvino implanta su reforma en Ginebra.

1545 Se inicia el concilio de Trento.

En Espada, polémica sobre las 'Encomiendas de Indias' con intervención de Bartolomé de las Casas.

1546 Muere Lutero.

1551 Evangelización de Japón por san Francisco Javier.

1555 Paz de Augsburgo: reparto religioso de Alemania. Cada región su religión.

Carlos V abdica n su hijo Felipe II.

1556 Muere Ignacio de Loyola.

1562 Reforma carmelitana de santa Teresa e Jesús.

1563 Clausura del concilio de Trento

1569 El Papa excomulga a Isabel I de Inglaterra.

1598 Muere Felipe II en El Escorial.

SIGLO XVII:

1608 San Francisco de Sales publica *Introducción a la vida devota.*

1610 Galileo publica su obra *Siderius Nuncius (El mensaje celestial)* revolucionando la concepción el universo.

1633 San Vicente de Paúl funda con Luisa de Marillac las Hijas de la Caridad.

1637 Descartes publica su *Discurso del método* dando un nuevo rumbo a la filosofía.

1638 Se publica el *Augustinus* obra póstuma de Jansenio

1656 Pascal publica las *Cartas provinciales.*

1682 Los principios del galicanismo son transformados en ley por Luis XIV.

MATERIAL DIDÁCTICO

1. Manifestaciones pictóricas:

BEATO ANGÉLICO, *Juicio Universal,* Museo de san Marcos de Florencia.

JUAN DE JUANES, *Retrato de Rodrigo de Borja, el Papa Alejandro VI,* Catedral de Valencia.

REIXAC, J., *Retrato de san Vicente Ferrer*, Catedral de Valencia.

SALVADOR MAELLA, M., *Conversión de San Francisco de Borja camino de Granada,* Catedral de Valencia.

VAN DYCK, A., *San Francisco Javier,* La Pinacoteca Vaticana

VELAZQUEZ, D., *Inocencio X,* Galleria Doria-Pamphili, Roma.

2. Manifestaciones escultóricas:

MORETO, C., *Retablo del altar mayor de la Iglesia Santuario del Miracle* (Solsona)

SALA, A., *San Francisco Javier yaciente,* Catedral e Barcelona.

3. Manifestaciones arquitectónicas:

FRANCISCO DE MORA, *Plaza de Lerma* (Burgos)

FRAY JOSÉ DE LA CONCEPCIÓN, *La capilla de la Purísima Concepción,* Catedral de Tarragona.

BORT MELIÀ, J., *Fachada de la catedral de Murcia.*

8. Manifestaciones cinematográficas:

JOFFÉ, R., *La Misión,*1986.

ALLACE, R., *El hombre de la máscara de hierro,* 1998

9. Lecturas:

JUAN DE LA CRUZ, SAN, *Obras completas,* ed.. Lucinio Ruano (BAC 15). Editorial Católica, Madrid 14 2002.

V. LA EDAD MODERNA (SIGLOS XVIII-XXI)

1. La Revolución Francesa, fin de la Edad Media y comienzo de la Moderna

La Revolución Francesa, gestada por Denis Diderot*, Voltaire*, Jean-Jacques Rousseau* y por los partidarios de las ideas de la Ilustración, dio impulso al movimiento secularista. La Revolución de 1789 significó la caída del antiguo régimen monárquico estaba impregnada de un carácter anticlerical, atentando contra la libertad de la Iglesia. Lo que motivó que el Papa Pío VI (1875-1899) condenara a Constitución civil del clero. Esto tuvo el efecto negativo de condenar también los aspectos positivos de la Revolución.

La toma de los Estados Pontificios por el ejército de Napoleón a finales del siglo XVIII aumentó la pérdida del prestigio papal. El Concordato de 1801 trajo la paz con Napoleón, haciéndose similares arreglos con otros gobiernos. Los Estados Pontificios, de nuevo bajo jurisdicción de la Iglesia, le fueron arrancados, durante el Risorgimento (1815-1870), al poder papal por los nacionalistas italianos.

Para los papas de la restauración católica (1800-1878) les fue dificultoso comprender el nuevo mundo que la Revolución traía, pues eran herederos de una mentalidad absolutista. Pío VII (1800-1822) adoptó una actitud más moderada, pero Pío IX (1846-1878) proclamó l dogma de la inmaculada concepción e la Virgen; condenó el liberalismo*, rechazando que el pueblo fuese soberano y pudiese elegir a sus representantes; y convocó el concilio Vaticano I (1869-1870) donde se aprobó el dogma de la infabilidad del Papa[52].

2. La Revolución Industrial y el nacimiento de la Doctrina Social de la Iglesia

El siglo XIX fue en Europa el siglo de la Revolución Industrial, que produjo un profundo cambio en las condiciones de trabajo y en los sistemas de producción, debido a la utilización de la máquina y el aprovechamiento de nuevas fuentes de energía. Al mismo tiempo, se producía la concentración de grandes capitales para poder financiar el fenómeno industrial. La población europea, que hasta entonces había sido predominantemente agrícola y rural, fue haciéndose progresivamente industrial y urbana. Las ciudades crecían sin cesar para acoger a las masas de gente que venían del campo a trabajar en las fábricas, pero carecían de los servicios sociales necesarios para una vida digna.

La nueva clase social del proletariado* vivía así en unas condiciones miserables, con un salario pactado que poco a poco se iba distanciando a los obreros de los patronos. Este distanciamiento llevó al enfrentamiento de las clases por motivos laborales.

52 Recuadro Nº 32: La infabilidad papal

El problema social de la clase obrera preocupó desde el principio a la Iglesia católica. El primer documento de la doctrina social de la Iglesia fue obra del Papa León XIII (1878-1903), que el año 1891 promulgaba la encíclica *Rerum novarum* sobre la condición de los obreros; la propiedad[53] y la justicia social; los salarios y las asociaciones profesionales.

El Papa definía en este documento el concepto cristiano de propiedad. Rechazaba la lucha de clases y los abusos de los patronos con sus obreros, a la vez que recordaba a unos y a otros sus derechos y deberes. Se urgía al Estado a garantizar los derechos de todos, en especial los más pobres, a proteger el trabajo y promover asociaciones, sindicatos y seguros para los trabajadores. Reconocía que el Estado podía intervenir en la gestión del capital privado para ordenarlo hacia el bien común. Pero la verdadera solución a los problemas debía e surgir, según la encíclica, de la caridad cristiana, capaz de afianzar la justicia y fomentar la convivencia entre todos los hombres.

3. La trágica situación del proletariado y la Revolución Rusa de 1917

El móvil fundamental del liberalismo capitalista no es el servicio sino la mayor ganancia posible, la mayor producción mediante el menor coste. Para conseguir este objetivo supremo se parte del principio supremo de la propiedad privada sin ninguna dimensión social. La dramática consecuencia fue la situación en que cayó a clase trabajadora: Una masa de obreros se concentró en torno a las fábricas y a las minas en jornadas laborales de hasta diecisiete horas, sin distinción de hombres, mujeres y niños. Y la retribución salarial no alcanzaba para cubrir las necesidades más elementales de la vida. El fruto de todo esto fue la 'lucha de

53 Recuadro Nº 33: Finalidad de la propiedad para el personalismo

clases': por un lado un número reducido de poderosos capitalistas, y, por otro, la masa de los desheredados, los trabajadores sin derechos.

Frente a semejante abuso, que hacía de la libertad un mito, con el que los más poderosos esclavizaban a los más débiles, el Socialismo pone en la igualdad fundamental de todos los hombres el punto de partida para la organización socio-económica. El trabajo sería el único título de todo ingreso económico y de toda propiedad. Por lo mismo, quien no trabaja se elimina de la república de los trabajadores. El ideal del socialismo es una equitativa distribución de los bienes producidos por el trabajo de todos. El trabajo se convierte en el criterio último de la producción y de la distribución. Al Estado le incumbe llevar adelante el sistema socialista, interviniendo en la planificación económica y siendo al mismo tiempo el propietario de los bienes de producción. También al Estado se le asigna la organización y desarrollo de todos los demás sectores de la sociedad, como la política, la educación, etc..

En el Socialismo hay algunas corrientes extremas como el Comunismo[54], que abogan por la colectivización de los bienes de producción y por la supresión de la iniciativa privada en lo que a la economía se refiere. Es muy significativo el hecho de que a pesar de que Marx publicase en 1848 el *Manifiesto Comunista*, el Concilio Vaticano I, celebrado en 1870 no se hizo eco en ninguno de sus esquemas de trabajo acerca e la cuestión social, aunque es cierto que algunos padres conciliares pidieron que este tema se tratase en el aula el concilio.

4. Humanidad sin divinidad puede convertirse en bestialidad

El Papa Pío X (1835-1914) condenó el modernismo*, que intentaba adaptar los dogmas tradicionales para hacerlos más aceptables a científicos e intelectuales.

---

54 Recuadro Nº 34: Los fundadores del Comunismo

Durante la I y II Guerras Mundiales, la Iglesia Católica asumió el papel de mediadora, ayudando a muchos prisioneros y víctimas de la guerra.[55]

En virtud del Tratado de Letran (1929), firmado bajo el gobierno de Benito Mussolini, el Papa Pío XI (1922-1939) volvió a asumir el papel de gobernante civil en el diminuto Estado de la Ciudad del Vaticano. Pío XII (1939-1958) luchó contra el nazismo* y el fascismo*. Estos movimientos modernos estaban entusiasmados por la técnica, con una organización, burocracia, propaganda, sobre todo, defensa y ejército eminentemente modernos. Esto pone evidencia que sin una vinculación ética, la ciencia moderna puede convertirse en pura mentira y propaganda; y la democracia moderna puede caer n el sometimiento de las masas mediante el engaño y el terror de un Führer y su partido. El Papa también se enfrentó con el comunismo.

La divina providencia ha dado a nuestra época tres grandes focos donde poder orientarnos. El primero es Teresa de Lisieux (1873-1897), gracias a su testimonio de fe en medio de su tremenda noche, comprendiendo desde dentro el significado del ateísmo de nuestra época[56]; el segundo es Carlos de Foucauld (1858-1916), gracias a su testimonio de caridad, acudiendo a los más pobres y alejados de la Iglesia, para llevar la presencia de Jesús de Nazaret en medio de ellos[57]; y, finalmente, Emmanuel Mounier (1905-1950) testimonio de esperanza humanista, aportando el personalismo comunitario, frente al comunismo y el capitalismo[58].

5. Juan XXIII y el Concilio Vaticano II

Lo que el Papa Juan XXIII (1958-1963) hizo al convocar el Concilio Vaticano II fue manifestar que el Papa solo no se basta para dirigir a la Iglesia. Estaba convencido de que la Iglesia no es una institución jurídica en la que sólo el Papa manda y los demás obedecen, sino

---

55 Recuadro Nº 35: El holocausto una advertencia para todas las naciones modernas
56 Cf. J. F. SIX, *Una luz en la noche,* San Pablo, Madrid 1996.
57 Cf. J. L. VÁZQUEZ BORAU, *Carlos de Foucauld y la espiritualidad de Nazaret,* BAC, Madrid 2001
58 Cf. C. DÍAZ,*¿Qué es el personalismo comunitario?*, Fundación Emmanuel Mounier, Madrid 2002.

que es una gran comunidad de creyentes, en la que todos son responsables, cada uno en su lugar, de la totalidad del Cuerpo de Jesucristo, que es la Iglesia. Por otro lado, el convocar un concilio, pone de manifiesto la unidad de la Iglesia, a la vez que hace más consciente el pluralismo de los obispos y de sus Iglesias locales. La experiencia pastoral del cardenal Roncalli, el futuro Juan XXIII, que había vivido en Oriente y Occidente le había colocado en una posición privilegiada para comprender la necesidad de renovación que necesitaba la catolicidad y también la oportunidad de una acción ecuménica. Juan XXIII llevaba al Vaticano un nuevo estilo pastoral, que había esparcido allí donde se había encontrado. Dicho estilo tenía un arma: la simplicidad. A través de unos gestos y de unas palabras concretas, aquel hombre, ligado a unas ideas tradicionales y piadosas, lo cambiaba todo.

La lúcida y leal aceptación de las diferencias en la Iglesia, la convicción de un acercamiento ecuménico, el deseo de dar a los hombres el signo pastoral de la misericordia más que el de la severidad, desembocaría en la magnanimidad del discurso de apertura del concilio, en el que Juan XXIII desarrollaba una intuición capital, que había de inaugurar la libertad de los teólogos: "*Una cosa es la substancia de la doctrina contenida en el depósito de la fe, y otra la formulación con que se reviste*". El programa del Papa fue crear un clima de apertura y de diálogo, escuchando la voz de los pobres, que señala la voluntad de Dios; acoger y asumir desde el evangelio los valores legítimos de la cultura moderna, especialmente los principios de participación de todos y de representatividad democrática, así como la dinámica social que busca la paz y la solidaridad entre los hombres y los pueblos.

El anuncio de un concilio que el Papa colocaba expresamente en la perspectiva de la reunión de los cristianos había sido bien acogido en general por las Iglesias no católicas, particularmente por el Patriarca de Constantinopla, por la Iglesia anglicana y la presencia del secretario general del Consejo Ecuménico de las Iglesias. Tras la creación del Secretariado para la Unión de los Cristianos se multiplicaron los contactos, y Roma invitó a la mayoría de las Iglesias separadas a enviar al Concilio observadores-delegados, a los cuales se añadieron después algunas personalidades invitadas a título personal por el Secretariado.

6. La segunda sesión del Concilio Vaticano II se abrió con un discurso de Pablo VI

La segunda sesión conciliar se abría con un discurso de Pablo VI (1963- 1978) pronunciado el día 29 de septiembre de 1963, habiendo sido elegido Papa el 20 de junio de ese mismo año. Así, después de haber recurrido explícitamente a la inspiración de su antecesor, en cuanto a un concilio pastoral, orientado no sólo a conservar la doctrina católica, asignó, como tema principal de la segunda sesión, una más profunda definición de la Iglesia que, permaneciendo fiel a las declaraciones dogmáticas del Vaticano I, profundizara en la doctrina sobre el episcopado, sobre sus funciones y las relaciones con Pedro.

Se manifiesta así la interpretación que Pablo VI concede al papel del Papa ante el concilio. Si Juan XXIII, por ejemplo, recurría, en relación con el mundo, a los valores humano-evangélicos, Pablo VI recurría a los valores eclesiásticos. Con toda seguridad, la personalidad compleja de Pablo VI contribuía a explicar la línea adoptada en el desarrollo del concilio. La apertura y ciertas innovaciones, consideradas necesarias, hallaban el contrapunto en la continuidad y la conservación de la tradición y de la institución eclesiástica. De ahí la duda y la irresolución, después del esfuerzo de extenuantes meditaciones y compromisos, y también la tendencia al eclecticismo*.

Pablo VI rompió con la tradición viajando a Tierra Santa y a Bombay (1964) y a las Naciones Unidas, en Nueva York, el año 1965. Pese a la buena impresión que causó el viaje de Pablo VI a Tierra Santa y su histórico encuentro con el Patriarca Atenágoras, pronto se ensombreció el horizonte cuando, a principios de 1964 se dio la consigna de reducir a unas cuantas proposiciones la mitad de los esquemas que faltaban por examinar.

La tercera sesión se abrió con una concelebración del Papa con veinticuatro Padres conciliares, signo evidente de que comenzaba a aplicarse la reforma litúrgica*. A pesar de las inquietudes registradas, la sesión comenzó en un clima de gran euforia y fue muy fructuosa. Permitió poner a punto sin gran dificultad las constituciones sobre la Iglesia y sobre la Revelación*, así como el decreto sobre el ecumenismo, prueba evidente de que las ideas habían madurado mucho en dos años. También se llegó a un acuerdo con respecto al esquema, reelaborado sobre la misión pastoral de los obispos y otro proyecto sobre las Iglesias orientales unidas. Por otra parte, se abordaron varios proyectos nuevos. Primero, sobre la libertad religiosa, sobre los judíos y sobre las religiones no cristianas. Luego, sobre el apostolado de los laicos, sobre los sacerdotes, sobre los religiosos, sobre los seminarios, sobre la educación cristiana y sobre el matrimonio. Por último se trabajó sobre el controvertido esquema trece, que muchos consideraban el texto culminante de este Concilio pastoral y que culminó en la constitución pastoral *Gaudium et spes* ("*Los gozos y las esperanzas, las tristezas y las angustias de los hombres de nuestro tiempo, sobre todo de los pobres y de cuantos sufren, son a la vez gozos y esperanzas, tristezas y angustias de los discípulos de Cristo... La Iglesia se siente por ello íntima y realmente solidaria del género humano y de su historia*"Nº 1), rompiendo la mentalidad aislacionista de la Iglesia y proclamando la íntima unión entre la Iglesia y la familia humana universal.

7. Un Papa venido del Este

Después del paso efímero de Juan Pablo I, que solo duró un mes, y que era un italiano sensible, conocedor de la Curia Romana y enemigo de sus maniobras y desorientadoras habilidades, el 16 de octubre de 1978, ciento once cardenales reunidos en la Capilla Sixtina, eligieron a un Papa venido del Este, Juan Pablo II. Su característica más acusada ha sido los viajes y atentados, alguno casi mortal, como el sufrido en la Plaza de San Pedro en Roma. Su preocupación es la crisis de religiosidad en Occidente. Ha sido un defensor de los derechos humanos y de la libertad religiosa, distendiendo notablemente las relaciones con los países del Este.

Así, a modo e ejemplo, en la encíclica *Laborem Exercens* (1981), Juan Pablo II toma posición ante el liberalismo capitalista y el socialismo marxista señalando que la Iglesia se aparta radicalmente del programa del colectivismo proclamado por el marxismo, sin dejar de ejercer explícitamente la crítica al sistema capitalista. Y en su séptima encíclica, la *Solicitudo Rei Socialis* (Preocupación por la Cuestión Social) de 1987, afirma que el desarrollo sin solidaridad provoca la injusticia social y la opresión del ser humano; que un desarrollo que no abarque la dimensión trascendente de la persona no contribuirá a su liberación; y que el sistema internacional de comercio discrimina a los países en vías de desarrollo.

VOCABULARIO

- DIDEROT, Denis (1713-1784): Escritor francés, alma de la *Enciclopedia,* ingente esfuerzo de vulgarización científica, balance del progreso de las ciencias y las técnicas del siglo y que se convirtió en la obra capital de la época.
- ECLECTICISMO: Método o actitud consistente en reunir aportaciones de los más diversos e incluso opuestos autores para formar un cuerpo doctrinal propio.
- FASCISMO: Movimiento político y social de carácter totalitario que se produjo en Italia, por iniciativa de Benito Mussolini, después de la primera guerra mundial y en otros países.
- LITURGIA: Cualquier rito o acto cultural oficialmente prescrito por la Iglesia cristiana. En la Iglesia ortodoxa la liturgia se refiere a la Eucaristía.LIBERALISMO: Sistema político-religioso que proclama la absoluta independencia del Estado, en sus organizaciones y funciones, de todas las religiones positivas. El ser humano tiene que ser libre en su pensamiento, en su conducta en todas sus cosas. Frente al dominio que la Iglesia había ejercido durante siglos en todos los ámbitos de la vida humana, las ideas racionalistas tomaron un sentido antirreligioso y antieclesial.
- MODERNISMO: Se indica con modernismo el movimiento de pensamiento, surgido a finales del siglo XIX, llamado así por estar caracterizado por el deseo de renovación de los estudios teológicos

y bíblicos y por una reforma de la vida eclesial. El Papa Pío X , en su encíclica *Pascendi*, vio en el modernismo la síntesis de todas las herejías.

- NAZISMO: Movimiento político y social del tercer Reich alemán (1933-1945), de carácter pangermanista, fascista y antisemita.
- PROLETARIADO: Clase social constituida por los proletarios, que eran las persona que carecían de bienes y solamente estaban incluidos en las listas vecinales por su persona y prole. Se entiende la clase obrera. En la antigua Roma eran los ciudadanos pobres que únicamente con su prole podían servir al Estado.
- ROUSSEAU, Jean-Jacques (1712-1778): Escritor y filósofo suizo y en lengua francesa. Es conocido principalmente por estas tres obras: *El contrato social* (1762);, *Julia o La nueva Eloisa* (1761) novela sentimental de pasión y de virtud y la célebre novela pedagógica *Emilio* (1762)
- VOLTAIRE, François Marie Arouet (1694-1778): Escritor, figura intelectual dominante en su siglo. Su credo laico y anticlerical orientó a los teóricos de la Revolución Francesa.
- REVELACIÓN: Acción divina que nos descubre las verdades sobrenaturales que dispuso Dios hacernos conocer, iluminando un cierto número de verdades de orden natural que se encuentran más o menos estrechamente ligadas a aquellas. Dícese también del conjunto de verdades que son objeto del acto revelador.

RECUADROS

Nº 30 La infabilidad papal:

Es una característica de la Iglesia en cuanto a la enunciación del contenido de la fe. Su fundamento está en la promesa de Jesús, según la cual la Iglesia permanecerá en la verdad gracias a la asistencia del Espíritu Santo. Por derivación, se habla también de proposiciones *infalibles* para indicar los enunciados de fe formulados dogmáticamente por la Iglesia a través de los siglos. En efecto, si la Iglesia no pudiera enunciar su fe con la certeza de decir la verdad, ni siquiera tendría conciencia de proclamar la palabra del evangelio frente a los problemas que requieren una solución que vaya más allá de la simple repetición de lo que dice la Escritura.

Durante el concilio Vaticano I se discutió y se definió la infalibilidad del Papa cuando habla *ex cátedra* ('desde la cátedra'), expresión escolástica que indica las circunstancias en las que el Papa emite un pronunciamiento infalible. Pero hay que decir que la infalibilidad de la Iglesia no se deriva de la infalibilidad del Papa, sino más bien todo lo contrario.

Nº 31 Finalidad de la propiedad para el Personalismo:

"*La propiedad tiene para el personalismo una doble finalidad: personal y comunitaria. Los bienes no sirven con exclusividad para satisfacer los intereses del propietario, sino que han de cumplir con las exigencias propias del bien común. La destrucción de la riqueza, llevada muchas veces a cabo con fines especulativos, sería la más palmaria negación de la función comunitaria de los bienes. Toda persona tiene derecho a la propiedad privada correspondiente a las necesidades de una vida digna. Se trata no sólo de reconocer un derecho de propiedad, sino un derecho de propiedad igual para todos, y no limitado a los actuales propietarios. De ahí la pretensión personalista de proteger no sólo la propiedad actualmente existente, el derecho de propiedad, sino también, el derecho a la propiedad. La consecución de una propiedad al servicio de la persona, impone la realización de un principio fundamental: el de la prioridad del trabajo sobre el capital. El derecho de propiedad está fundado sobre la actividad creadora del trabajo y no sobre la usura o la especulación. El capital se legitima no como trabajo acumulado, sino en cuanto crea oportunidades de trabajo. Probablemente la nota más significativa de la propiedad personal sea la de la universalidad de su beneficiario. La propiedad personal es una riqueza puesta al servicio de toda la humanidad, sin barreras de naciones*" (J. L. CASTILLO VEGAS, *Propiedad* en *Diccionario de Pensamiento Contemporáneo*, San Pablo, Madrid 1997)

Nº 32 Los fundadores del Comunismo:

Tres figuras son decisivas en la elaboración teórico-práctica de este sistema económico y social, que ellos denominaron 'socialismo científico': Carlos Marx (1818-1883), Federico Engels (1820-1895) y Vladimiro Ulianov (Lenín) (1870-1924). Marx y Engels intentaron dar una solución a la situación social que vivían mediante una teoría filosófica, política y económica universalmente válida. Marx fue el genio revolucionario que despertó a la clase obrera y realizó en 1864 la primera *Internacional de los trabajadores*. Su *Manifiesto comunista* de 1848 pasó inadvertido, pero sus tesis fueron aceptadas en el Congreso de Bruselas, en 1867-1868, cuando apareció su libro *El Capital.* Fue Lenin quien llevó al campo de la política las ideas de Marx, surgiendo el Marxismo-Leninismo, que se encarnó en la Revolución Rusa de 1917.

Nº 33 El holocausto una advertencia para todas las naciones modernas:

"En realidad, la racionalidad, tecnicidad e industrialización puestas en juego por toda la compleja organización industrial del exterminio de masas -sin duda invención y perversión de la exactitud alemana- están absolutamente en la línea de una modernidad europea secularizada y atea. El camino desde la guillotina de Robespierre, pasando por los fusilamientos en masa de Lenin, hasta los hornos de gas de Hitier muestra que el perfeccionamiento del asesinato seguía su propia lógica. ¿No rendían culto todas las grandes potencias europeas de entonces al Dios-Nación (raza, clase) al que, dado el caso, se sacrificaba todo: libertad, arte, religión, y millones de vidas humanas? ¿Y no han sido todas 'recompensadas' por este Dios: con militarismo, imperialismo, racismo y, en el ámbito individual, con indiferencia moral, apatía y falta de la más elemental humanidad, como se mostró con respecto a las víctimas del nazismo incluso entre las mujeres alemanas (este aspecto se discute actualmente entre las feministas)?" (H. KÜNG, *El Judaísmo,* Círculo de Lectores, Barcelona 1993, 716)

SÍNTESIS HISTÓRICA-IV

SIGLO XVIII
1773 Supresión de la Compañía de Jesús en toda la Iglesia por el Papa ClementeVII
1783 Independencia de los Estados Unidos
1789 Revolución Francesa
1799 El Papa Pío VI, apresado por las tropas francesas, muere en Valence (Francia)
SIGLO XIX
1800 Pío VII es elegido Papa n Venecia
1801 Concordato con Francia
1804 Napoleón, emperador de Francia.
1809 Incorporación de los estados Pontificios a Francia. Pío VII deportado a Savona
1812 Constitución de las Cortes e Cádiz.
1814 Restablecimiento de la Compañía de Jesús en la Iglesia
1824 Ocaso del Imperio español en América.
1835 En España, desamortización de Mendizábal
1848 Karl Marx publica *El Capital*
1869 Apertura del Concilio Vaticano I
1870 Proclamación de la infabilidad del Papa por el concilio
1873 Primera República española
1878 León XIII nuevo Papa.
1891 Encíclica *Rerum novarum*
SIGLO XX
1903 Es elegido Papa Pío X
1907 Encíclica *Pascendi*
1914 Primera Guerra Mundial
1917 Revolución Rusa
1921 Comienza el diálogo católico-anglicano en Malinas
1922 Pío XI, nuevo Papa
1923 Cardjn funda en Bélgica la JOC (Juventud Obrera Católica)
Dictadura de Primo de Rivera
1928 Fundación del *Opus Dei*
1929 Pactos de Letrán entre Mussolini y la Santa Sede. Se reconoce al Vaticano como Estado independiente.
1930 La II República Española
1936-1939 Guerra civil española
1975 Muerte de Franco
1978 Constitución Española (Monarquía Parlamentaria)
Juan Pablo II es elegido Papa.

MATERIAL DIDÁCTICO

1. Manifestaciones pictóricas:

PICASSO, P., *La crucifixión,* Museo del Louvre, París..
DALÍ, S., *Cristo de San Juan de la Cruz*, Museo Dalí, Figueres.

2. Manifestaciones cinematográficas:

SOLÁS, H., *El siglo de las luces,* 1968.
WALLACE, R., *El hombre de la máscara de hierro,* 1998.
SPIELBERG, S., *La lista de Schindler* 1998
CHAPLIN, CH., *El gran dictador,* 1938.
KUBRICK, S., *2001 Odisea del espacio,* 1968.

3. Lecturas:

KÜNG, H., *Ser cristiano,* Ed. Cristiandad, Madrid 1977.

SEGUNDA PARTE:
LAS IGLESIAS ORTODOXA, PROTESTANTE Y ANGLICANA

VI. LA IGLESIA ORTODOXA

1. La Iglesias Orientales o la Iglesia Ortodoxa

Bajo el nombre genérico de Iglesias Orientales, se sobreentiende a las Iglesias Ortodoxas, que reconocen el primado de honor del Patriarca de Constantinopla[59], actual Estambul, por la condición de capital del Imperio romano de Oriente o Imperio bizantino que la ciudad tuvo entre el 320 y 1453, cuando fue el centro del mundo cristiano de Oriente. Durante el siglo VI, también asumió el título de Patriarca Ecuménico.

A las Iglesias Orientales se las denomina también Iglesias 'no calcedonias', porque sus delegados en el Concilio de Calcedonia, celebrado el año 451, rechazaron la formulación de las dos naturalezas en Jesús. Fueron condenadas por su monofisismo[60].

Desde entonces estas Iglesias antiguas de Oriente han llevado una existencia muy aislada del resto de las Iglesias cristianas, tanto de Oriente (Ortodoxas) como de Occidente (Romana). Además, desde el siglo VII, han vivido siempre dentro de territorios musulmanes, siendo minoría y a la defensiva.

Si bien no aceptaron la formulación de Calcedonia, estas Iglesias mantienen la misma fe en Jesucristo, verdadero Dios y verdadero hombre, que las demás Iglesias históricas.

Doctrinalmente las Iglesias Orientales se dividen en: nestorianos[61], que rechazan el Concilio de Éfeso (431); monofisitas, que rechazan el Concilio de Calcedonia (451); ortodoxos, que aceptan los siete primeros concilios; católico-romanos, que acatan la autoridad del Papa. Existen además pequeñas colonias protestantes.

Cada Iglesia Ortodoxa es independiente y autocéfala, es decir, gobernada por su propio obispo. Estas iglesias comparten la misma fe, los mismos principios de organización y política eclesiástica, y una misma tradición litúrgica. Lo único que varía en cada país es la lengua que

---

59 Al patriarca de Constantinopla le corresponde el honor de tener una cierta primacía sobre las restantes Iglesias orientales. Su autoridad se extiende sobre las pequeñas, y cada vez menos, comunidades griegas en Turquía, sobre las diócesis que existen en las islas griegas y al norte del país, sobre las numerosas comunidades griegas de Estados Unidos, Australia y Europa occidental y, por último, sobre la Iglesia autónoma de Finlandia.

60 Recuadro Nº 36: El monofisismo

61 Doctrina cristológica que se remonta a Nestorio, obispo de Constantinopla desde 428, que preocupado por afirmar que el Verbo era verdadero Dios y verdadero hombre, separó hasta tal punto las dos realidades que corrió el peligro de establecer dos personas separadas, el Verbo Hijo de Dios y el hombre Jesús de Nazaret, hijo de María.

se utiliza en el culto, y alguna que otra diferencia mínima. El obispo en jefe de cada iglesia se llama patriarca, metropolitano o arzobispo. Estos prelados son presidentes de los sínodos episcopales que, en cada iglesia, constituyen la más alta autoridad canónica, doctrinal y administrativa.

2. Causas de la disputa entre Roma y Bizancio

Tres motivos de disputa de valor desigual motivaron la ruptura de las Iglesias Ortodoxas Orientales. El primero fue a causa de los ritos, pues en la Iglesia primitiva los ritos eran diversos según los países pero no había más que dos lenguas litúrgicas: el latín en occidente y el griego en oriente. Pero con el Imperio de Constantinopla se impuso también su rito y la primacía de su patriarca.

El segundo motivo fue doctrinal, en lo que se ha llamado la disputa del *Filioque*: En el siglo VII en el reino visigodo de la península Ibérica, en el credo aceptado con carácter universal se interpoló esta palabra latina que significa 'y del hijo', interpretando el credo así*: "Creo en el Espíritu Santo que viene del Padre y del Hijo"*. Esta la interpolación fue aceptada por Carlomagno y por sus sucesores. Más adelante, hacia el año 1014, también fue aceptada en Roma. Sin embargo, la Iglesia oriental consideraba que esta interpolación era una herejía. Se considera que los anatemas que fueron intercambiados en Constantinopla en 1054 entre el Patriarca Miguel Cerulario y los legados papales, marcaron el inicio definitivo del cisma*. Sin embargo, la ruptura fue, en realidad, un distanciamiento paulatino, que comenzó entonces y culminó con el saqueo de Constantinopla realizado por los ejércitos de los cruzados occidentales en 1204.

El tercer motivo fue el poder, enfrentándose dos tesis: La tesis tradicional de la Iglesia oriental, según la cual, el rango de los obispos en la jerarquía se determinaba por el rango civil de las ciudades cuyo título llevaba. Además, el Concilio de Nicea reconocía la autoridad excepcional de los obispos de Roma, Alejandría y Antioquia, y el Concilio de Constantinopla admitía la autoridad de su obispo. Así que, en el momento en que Constantinopla pasó a ser capital del Imperio, su obispo tenía que pasar a ser el jefe de la cristiandad. Pero la tesis que hacía del obispo de Roma el primero entre sus iguales no procede de la situación de la ciudad, sino de la preeminencia de Pedro, cabeza de los apóstoles.

3. La fiesta de la ortodoxia

La Ortodoxia conmemora festivamente la victoria de la lucha iconoclasta, que surgió el siglo VIII en la Iglesia griega entre los partidarios y los contrarios al culto de las imágenes. La persecución contra las imágenes tuvo dos períodos: el primero, desde 726 a 780, y el segundo, de 813 a 842. En la primera campaña iconoclasta, tanto en Occidente, pero especialmente en Oriente, a partir del Edicto de Milán del año 313, se había desarrollado mucho el culto de las imágenes. Hacia el año 726, el emperador León Isáurico lanzó un decreto prohibiendo toda especie de imágenes. El patriarca Germano de Constantinopla no se plegó al emperador. También san Juan Damasceno defendió en diversos escritos el culto prohibido, y protestaron los papas Gregorio II y Gregorio III, quien en un sínodo romano condenó al emperador el año 731. Constantino V Caprónimo continuó por el mismo camino. La lucha se hizo más intensa. No sólo se destruían las imágenes de Jesucristo y de los Santos, sino también las reliquias. El año 753 se celebró un sínodo en el que se renovó la prohibición. El emperador León IV inició ya un cambio de posición, pero quien puso fin a la lucha iconoclasta fue la emperatriz Irene, inspirada por el nuevo patriarca Tarasio. Ambos propusieron al Papa Adriano I la celebración de un Concilio, que se celebró en septiembre del año 787, el que se conoce por el VII Concilio ecuménico o Nicea II, presidido por legados pontificios. En el se proclamó la licitud de la *proskynesis* o veneración de las imágenes, en contraposición a la adoración. León V el Armenio inauguró la segunda fase de la persecución. Nicéforo, patriarca de Constantinopla, y el monje Teodoro Estadita se opusieron con heroísmo. En un sínodo del año 815 se renovaron las prohibiciones lo que provocó la destrucción de imágenes y castigo a sus defensores. Finalmente, la emperatriz regente Teodora reunió el año 842 un sínodo en Constantinopla, que puso término a la persecución. Para perpetuarlo se estableció la 'fiesta de la ortodoxia'.

4. El Patriarcado de Moscú

Después de la conquista de Constantinopla por los turcos otomanos en 1453, éstos reconocieron al Patriarca de aquella ciudad como portavoz o representante, tanto religioso como político, de toda la población cristiana del Imperio turco. A pesar de que el Patriarcado de Constantinopla siguió manteniendo su primacía honorífica dentro de la Iglesia ortodoxa, en el siglo XIX acabó su papel ecuménico. Tal acontecimiento se produjo cuando el pueblo ortodoxo fue liberado de las leyes turcas y, a partir de 1833 surgieron una serie de Iglesias autónomas, como las de Rumania (1864), Bulgaria (1871) y Serbia (1879)

La Iglesia ortodoxa rusa declaró su independencia de Constantinopla en 1448. En 1589 se estableció el Patriarcado de Moscú, siendo reconocido de forma oficial por el patriarca Jeremías II de Constantinopla. Tanto para la Iglesia rusa como para los zares, Moscú se había transformado en la 'tercera Roma', heredera de la supremacía imperial de las antiguas Roma y Bizancio. Pero el Patriarcado de Moscú casi nunca tuvo la autonomía que alcanzó el Patriarcado de Constantinopla durante el Imperio bizantino. Los Patriarcas de Moscú y la Iglesia rusa estuvieron bajo el control absoluto de los zares. En 1721, el zar Pedro el Grande abolió el Patriarcado, y a partir de esa fecha, la Iglesia fue gobernada por la administración imperial. El Patriarcado fue restablecido en 1917, durante la Revolución Rusa, pero luego fue perseguido por el Gobierno comunista. A medida que el régimen soviético fue haciéndose menos represivo, hasta su caída en 1991, la Iglesia fue dando señales de una vitalidad renovada.

5. El Dios trinitario de la Ortodoxia

La misión de la Iglesia Ortodoxa es llevar a las personas a redescubrir el gozo de la resurrección en todo su alcance, es decir, un servicio que abrace también a la sociedad. El misterio de la Trinidad es realmente el corazón de la fe cristiana. Y no es mera coincidencia que el icono* más célebre de la ortodoxia represente a los tres huéspedes misteriosos de Abrahán, tal y como se nos describe en el *Libro del Génesis,* 18, 1-15[62], o que los rusos se signen con tres dedos. Dios no es un solitario encerrado en su omnipotencia. Tampoco es una divinidad con dos caras: bendición por un lado y maldición por otro. Es unitrinitario. Fórmula de fe difícil, y hasta imposible de comprender. Pero la única que se aproxima a la verdad de un Dios relación. Un Dios amor. Un Dios vida. Porque la vida es la resolución infinita y universal de todas las contradicciones, mientras que la muerte está al final de todas las contradicciones. El Dios trinitario de la ortodoxia es la unidad viva que reina entre las personas del Padre, del Hijo y del Espíritu. Creer en la Trinidad es creer también en la superación de la oposición mediante la comunión del amor. Es finalmente creer que, bajo el movimiento del Espíritu, el propio hombre dividido, pero a imagen de Dios, es uno. Gracias a la resurrección de Jesucristo se convierte en una criatura nueva. Y, más allá, el hombre total, la humanidad reconciliada consigo misma, se convierte en morada de Dios. La fe ortodoxa en

62 Recuadro Nº 37: El icono de la Trinidad

la Trinidad es rechazo de excomunión. La Iglesia es comunión, a imagen misma de la Trinidad. El Espíritu Santo es quien da este conocimiento. Él es efectivamente la luz que revela el verdadero rostro del mundo, del hombre y de Dios. Él es el fuego del amor que purifica nuestra visión uniéndonos al objeto de nuestra contemplación. Por el Espíritu que sopla sobre los fieles ortodoxos se convierten en cuerpo de Jesucristo, portadores del Espíritu. Esta presencia del Espíritu los hace testigos de la verdad. El Espíritu es algo más que un don. Es dador de vida. Vive en el corazón del ser humano para hacerlo hijo de Dios. Un santo. Y la Iglesia es así el templo del Espíritu Santo en cada uno de sus miembros. Esto explica la función de los laicos en la Iglesia ortodoxa sea la de ser participantes del sacerdocio universal y cocelebrantes de la eucaristía por el Espíritu Santo. Son el pueblo de Dios. El pope* es solamente aquel que recoge las súplicas de los fieles y atestigua la realidad de la venida del Espíritu sobre el pan, el vino y el pueblo. De esta certeza nació la Iglesia a la vez una y plural.

6. El monaquismo foco de atracción del cristianismo oriental

La liturgia y, hasta cierto punto, el desarrollo artístico ortodoxo está relacionado en forma directa con la historia del monaquismo. El monaquismo cristiano se inició en Egipto, Palestina, Siria y Asia Menor y, durante siglos, fue un foco de atracción que congregó a la elite del cristianismo oriental. Basado en los tradicionales votos de castidad, obediencia y pobreza, fue tomando distintas formas, oscilando entre la disciplinada vida de los monasterios, como el de Stoudios, en Constantinopla, y el ascetismo eremítico e individual de los hesichastas*, del griego *hesychia,* quietud. Hoy en día, la república monástica del monte Athos, en el norte de Grecia, habitada por más de 1.000 personas repartidas en 20 comunidades de monjes y ermitaños, constituye un testimonio de la permanencia del ideal monástico de la Iglesia ortodoxa.

Los *starz*, monjes del movimiento religioso ruso de los siglos XVIII y XIX que, después de vivir en soledad y oración, hacia el final de su vida, abren su celda a los demás para dar consejos y directrices espirituales, enseñan la 'Oración de Jesús' como medio de evitar los pensamientos y adentrarse en las profundidades del corazón. Esta oración consiste en repetir, a modo de mantra*, las siguientes palabras: 'Señor Jesús, Hijo de Dios, ten piedad de mí, pobre pecador'. Hay que tener en cuenta que, en la antropología bíblica, el corazón es el centro de la persona humana, su foco vital más profundo, donde tanto el cuerpo como el alma entremezclan sus raíces. El corazón es la fuente vital del ser, lugar donde reside la energía divina y la persona se va unificando.

7. Diferencias doctrinales con los católicos

Los ortodoxos conciben a la Iglesia como un conjunto de agrupaciones nacionales, sin ningún jefe común visible, obedeciendo todas las Iglesias al jefe invisible, que es Jesucristo. El Papa no ha heredado los poderes especiales entregados al apóstol Pedro; es simplemente el *primus inter pares*, el primero entre muchos de los obispos.

La Iglesia es infalible, y esta infabilidad reside en el cuerpo episcopal tomado en su conjunto; ningún obispo goza personalmente de este privilegio, ni tampoco el Papa.

A imitación de los protestantes, los ortodoxos no admiten la canonicidad de los libros deuterocanónicos*.

Rechazan la existencia del purgatorio*. Si los griegos declaran nulo el bautismo conferido por los herejes y cismáticos, los rusos se limitan a confirmar a los bautizados que admiten en su Iglesia.

Las Iglesias ortodoxas admiten el divorcio en algunos casos, pero de hecho acatan las leyes civiles sobre este punto. La absolución libera al penitente de toda culpa, consecuencia del pecado, por esto las indulgencias* quedan excluidas. El orden sacerdotal no imprime carácter indeleble, es decir, que no se pueda borrar o quitar.

8. Avanza el diálogo católico-ortodoxo

La Iglesia ortodoxa siempre se ha considerado a sí misma como la continuación orgánica de la comunidad apostólica y como el sostén de una fe que continúa el mensaje apostólico. Sin embargo, a través de los siglos, los ortodoxos han ido adoptando diferentes posturas con respecto a otras Iglesias. Rechazando siempre el relativismo doctrinal y sosteniendo que la meta del ecumenismo representa la total unidad de la fe, las iglesias ortodoxas han sido miembros del Consejo Mundial de las Iglesias desde 1948. Antes de conseguir la unidad total, los ortodoxos piensan que es preciso profundizar en una cooperación real entre las Iglesias, sin abordar todavía algunos temas doctrinales espinosos.

La postura ecuménica que asumió la Iglesia católica durante el papado de Juan XXIII ha sido muy bien recibida por la jerarquía ortodoxa, y ha conseguido que se entablen relaciones nuevas y más amistosas entre ambas iglesias. Hubo representantes de los ortodoxos en las sesiones del Concilio Vaticano II (1962-1965), y se realizaron asimismo diversas reuniones entre los papas Pablo VI y Juan Pablo II por un lado, y los patriarcas Atenágoras y Demetrios por otro. Se produjo un gesto que simbolizaba ese acercamiento cuando los anatemas de 1054 fueron levantados por ambas partes (1965) Las dos Iglesias crearon una comisión mixta para que hubiera un diálogo entre ellas. Los dos grupos de representantes se reunieron al menos once veces entre 1966 y 1981 para discutir sus diferencias con respecto a la doctrina y a las prácticas religiosas. El mayor obstáculo para la reconciliación es la exigencia del Papado a acatar su autoridad suprema y la infalibilidad del Papa.

No obstante, hay gestos que ayudan a caminar hacia la unidad como el protagonizado por el patriarca de la Iglesia Ortodoxa Rumana, su Beatitud Teoctist, al Papa Juan Pablo II para agradecerle la visita que este realizó a su país en 1999, la primera visita de un obispo de Roma a tierras ortodoxas. En esta visita ambos firmaron una importante declaración común que supone un nuevo paso en el camino hacia la unidad plena de estas dos Iglesias separadas desde el año 1504.

VOCABULARIO

- CISMA: La ruptura de la comunión eclesial realizada través de la desobediencia a la autoridad en materia disciplinar, o bien contraponiendo una doctrina diferente a la tradición eclesial, se llamó cisma desde la antigüedad cristiana.
- DEUTEROCANÓNICOS: La palabra griega significa literalmente 'canon en un segundo tiempo'. Son siete libros del nuevo testamento siete del antiguo: Tobías, Judit, Sabiduría, Eclesiástico, Baruc los dos Macabeos, para el antiguo testamento; la carta a los Hebreos, la 2 y 3 de Juan, las de santiago y Judas, el Apocalipsis, para e nuevo testamento. Los deuterocanónicos no figuran n la *Biblia* hebrea, pero están presentes en los Setenta. Los del nuevo testamento no son considerados plenamente canónicos por las confesiones protestantes. La Iglesia católica les reconoce plena autoridad.
- DOGMA: Enunciado Infalible de la fe, formulado al final de un proceso de adquisición doctrinal, que compromete a todos los fieles, al contener una verdad Revelada.
- HESYQUIA: Etimológicamente significa reposo, quietud. Da lugar a una corriente espiritual denominada *hesicasmo*, que surge en el siglo IV en Oriente y perdura hasta nuestros días. Esta espiritualidad aspira a la paz interior para conseguir la unión íntima con Dios en la contemplación
- ICONO: Imagen de una persona divina o de un santo pintada en madera o incrustada en mosaico y usada para la devoción pública o privada. Es una especie de ventana abierta entre la tierra y el cielo. El fiel ve en el icono como una proclamación de la salvación de Dios.
- INDULGENCIA: La remisión por la Iglesia de toda o parte de la pena temporal debida por el pecado. La venta de las indulgencias por parte de personas sin escrúpulos fue uno de los abusos que provocaron la reforma.
- MANTRA: Sonido Simbólico que provoca una vibración interna, que ayuda a la mente a concentrarse y favorece la autorrealización.
- POPE: Sacerdote de la Iglesia ortodoxa griega.
- PURGATORIO: En la doctrina católica romana, el estado temporal de castigo y de purificación de los muertos antes de su admisión en el cielo. Aún admitiendo que para el ser humano

no hay más que dos destinos últimos, en sí mismos irrevocables y fijados desde la salida de la vida terrena y después de ésta, la antigüedad cristiana ha estado de acuerdo en pensar que las personas cuya existencia termina en la tierra en estado de gracia, pero sin estar enteramente purificados por la penitencia de las huellas de su pecado, deberán desembarazarse de ellas por una suprema prueba antes de poder llegar a la bienaventuranza.

RECUADROS

Nº 34 El monofisismo:

Se indica con monofisismo la doctrina cristológica que sostenía el monje Eutiques de Constantinopla (378-454), que quiso contribuir a la reflexión sobre Cristo: la divinidad del Verbo le resultaba tan querida que por ella sacrificaba la humanidad auténtica de Jesús, haciendo que la absorbiera la divinidad. Este error teológico ya había sido denunciado tanto en oriente como en Roma. El Papa León Magno, escribiendo a Flaviano, patriarca de Constantinopla, el 13 de junio de 1449, afirmaba: "*La Iglesia se nutre de esta fe y con ella ha de progresar, o sea, que en Jesucristo no se puede creer que subsista una humanidad sin la verdadera divinidad, ni la divinidad sin una verdadera hurnanidad".*

El monofisismo fue condenado en el concilio de Calcedonia del 451. En el siglo VI Severo de Antioquía (465-538) intentó dar nueva vida a un monofisismo de tipo moderado. Fue desterrado en el 518 por el emperador Justino 1 y se estableció en Alejandría, donde murió. (Cfr. H. JEDIN, *Breve historia de los concilios,* Barcelona 1963, 29-40)

Nº 35 Icono de la Trinidad:

"*Es la mejor obra de Andrej Rublév (1360-1430), que fue pintada en honor del bienaventurado Sergio de Rodanez cuando fue construida una iglesia de madera sobre su sepulcro. En la actualidad se encuentra en la Galería Tretiakov de Moscú. Los fieles rusos han considerado este icono como una llamada a la unidad del pueblo fiel en los momentos más difíciles de su historia. La palabra icono, del griego eijon, que significa imagen, ha pasado a aplicarse específicamente a las imágenes sagradas en uso en la Iglesia de Oriente, especialinente en Grecia y en los países eslavos. Después de la controversia iconoclasta a la que puso fin el segundo concilio de Nicea, el icono ha pasado a ser considerado, por una parte, como un testimonio de la encarnación a la vez que como un medio de expresar nuestra veneración al Dios salvador y a su gracia, con los homenajes que rendimos a las representaciones litúrgicas de Cristo y sus santos. Por otra parte, la iconografía principalmente de las iglesias, ha llegado a estar organizada y concebida como una anticipada representación simbólica del mundo del más allá, en el que todas las cosas estarán como invadidas por la presencia manifiesta de la gloria divina. Todo esto ha producido un tipo particular de imágenes santas, del que es completamente erróneo decir que ha sido fijado o estereotipado, puesto que no ha cesado de renovarse, de una época a otra y de uno a otro país, con la misma variedad que se observa en el arte profano. Pero lo que el icono, fuera del período de decadencia, ha conservado bajo todas estas transformaciones, es su carácter deliberadamente simbólico, escapando a la representación realista y evocando siempre por los más diversos medios la transfiguración final del universo*"(J. L. VÁZQUEZ BORAU, *El ermitaño,* Editorial CCS, Madrid 1997, 64-65)

MATERIAL DIDÁCTICO

1. Manifestaciones pictóricas:

RUBLIEV, A., *Icono de la Trinidad,* Galería Tretiakov, Moscú.

ANÓNIMO, *Transfiguración de Preslav,* La Galería Tretjiakov, Moscú.

2.Manifestaciones cinematográficas:

EISENSTEIN, S. M., *El acorazado Potemkin* 1925.,

3. Lecturas:

ANÓNIMO, *El peregrino ruso,* Ed. de Espiritualidad, Madrid 1979

FIETZ, M., *Textos de la espiritualidad oriental*, Ed. Rialp, Madrid 1960

VII. LA IGLESIA PROTESTANTE

1. Un movimiento espiritual conocido como la Reforma Protestante

En el siglo XVI comenzó en Europa un movimiento espiritual, conocido como la Reforma. El nombre popular de la reforma religiosa arranca de la 'protesta" que los príncipes alemanes simpatizantes con ella presentaron ante Carlos V en la Dieta de Spira el 17 abril de 1529. A este movimiento espiritual no se le puede comprender sin situarlo dentro de un contexto histórico concreto. Durante los siglos V al XI la Iglesia extendió su propia acción evangelizadora hasta los confines del mundo eslavo y muy pronto se convirtió en una institución territorial. En este momento el aparato eclesiástico se convirtió en parte integrante del sistema feudal, comenzando un proceso de corrupción que afecto a todos los organismos de la Iglesia. Más tarde, durante los siglos XII y XIII la Iglesia adquirió la dimensión de una auténtica teocracia. Con el Papa Gregorio VII esa teocracia papal encuentra su base y su motivación teológicas al considerar a la Iglesia como único camino de salvación. Durante los siglos XIV y XV se inicia la fase de disgregación de la Iglesia con el llamado 'cautiverio de Aviñón'. Las arcas eclesiásticas comenzaron a vaciarse, por lo que se empieza a estudiar arbitrios que hicieran llegar dinero. El más eficaz de todos resultó fomentar de nuevo el tema de las indulgencias. Teniendo en cuenta que los Santos tenían méritos superabundantes, el superávit constituía un tesoro que Dios ponía a disposición de los papas, los cuales eran libres de dispensarlos a voluntad. Para la remisión de los pecados, el pueblo tenía que entregar dinero a la Iglesia, y cuantos más eran los pecados, más dinero se pagaba. Hubo muchos que protestaron contra estas prácticas y contra la decadencia moral generalizada. El presupuesto histórico de la Reforma no está, por tanto, en el episodio de las 95 tesis de Lutero[63], sino más bien en todos estos fermentos de Reforma religiosa profundamente sentida en la Iglesia ya desde finales del siglo XII. Este movimiento quería reformar la Iglesia, haciéndola volver a los principios bíblicos.

La Iglesia se dividió entre católicos romanos y protestantes. A su vez el movimiento protestante tomó dos grandes vertientes. La primera inspirada en la doctrina de Martín Lutero (1483-1546)[64], sin olvidar el movimiento de reforma radical de Zuinglio (1484-1531). La

63 Nº 38: Principales tesis de Lutero
64 Nº 39: Lutero, inventor del subjetivismo

segunda adoptó el pensamiento de otro gran reformador el exegeta y teólogo francés Juan Calvino (1509- 1564), que pertenece a la segunda generación de reformadores.

2. La evolución personal de Lutero le hizo entrar en conflicto con la Iglesia

Martín Lutero nació en Eisleben el 10 de noviembre de 1483. Era hijo del minero Hans Luther, que partiendo de una situación modesta, había conseguido irse elevando poco a poco hasta alcanzar cierto bienestar. Tras asistir a la escuela latina de Mansfeld, estudió en la escuela de los Hermanos de la Vida Común de Magdeburgo y, posteriormente, en la escuela parroquial de Eisenach. En 1501 marchó a Erfurt, en cuya universidad inició los estudios de humanidades. Magnífico estudiante, gran conversador y polemista, muy sociable y buen músico, consiguiendo graduarse en un tiempo notablemente breve. La facultad de artistas a la que pertenecía, era partidaria de Aristóteles, y en lógica se inclinaba, bajo el influjo de autores ingleses, al terminismo*, una especie de nominalismo, a partir de la teología de Guillermo de Ockham, que indicaba que las fuerzas naturales del ser humano no bastan para observar los mandamientos divinos y ganarse el cielo; y, por otra parte, los dogmas no se podían demostrar a la luz de la razón. Los pensamientos de Lutero estaban llenos de contradicciones, que por fuerza debían desembocar en la parcialidad. En 1505 alcanzó el grado de *magister artium.* A pesar de que su padre le había obligado a estudiar leyes, en medio del semestre el joven *magister* se toma unas vacaciones. Cuando volvía de casa a Erfurt le sorprende una fuerte tormenta. Al caer un rayo cerca de él, exclama: 'Socórreme, santa Ana, entraré fraile'. Catorce días después ingresó en el convento de agustinos eremitas observantes de Erfurt, a la edad de veintidós años. Lutero interpretó este acontecimiento como una señal del cielo. Realizó estudios de teología, pronunció los votos solemnes y fue ordenado sacerdote, a los veinticuatro años, el año 1507. En el invierno de 1508 lo enviaron al convento de los agustinos de Wittenherg para dar un curso. En 1510 viajó a Roma representando a su orden, pero este viaje, lejos de ayudarle en su búsqueda espiritual, tuvo para él el efecto contrario al percatarse de la frivolidad y mundanalidad de la Roma del Renacimiento.

3. Monje ejemplar y sumamente religioso

Lutero se ve tentado por la desesperación de la 'incredulidad'. Durante dos años soportó grandes angustias. La intimidad de Lutero se caracterizaba por la alegría, pero también por intensas meditaciones sobre cuestiones religiosas. Él no se situaba ante su Dios con una actitud alegre y relajada, lo que hacía que percibiese a Dios como castigador, encolerizado y celoso de la justicia. ¿Se podía alcanzar la misericordia divina acumulando oraciones, indulgencias y peregrinaciones? Lutero no conseguía el consuelo íntimo. Con su ingreso en la orden pensaba haberle ofrecido a Dios el mayor de los servicios a su alcance. En su mente cada vez se hacía más evidente que las personas no pueden aplacar a Dios únicamente mediante sus actos, y buscaba en la *Biblia* respuesta al interrogante de si el hombre puede hacerse acreedor de la clemencia divina.

Al regresar de su viaje, cayó enfermo en la ciudad de Bolonia, dominándole tristes pensamientos en el lecho del dolor. Entonces volvieron a iluminar su alma las palabras de san Pablo: *"El justo vivirá por la fe",* conociendo por vez primera en toda su plenitud que la justificación que él buscaba no es dada por Dios a causa de las obras, sino que nos es atribuida solamente por la fe, como un don y por causa de Jesucristo. Y así como antes había llegado a aborrecer estas palabras, ahora le parecían las más hermosas y consoladoras de toda la *Biblia.* El cristiano se sabe a la vez ' siempre pecador', 'siempre penitente' y 'siempre justo' por su fe en Jesucristo. Porque es Dios el que, por su Hijo, manifiesta su confianza en el ser humano; y la fe del justo no es más que la acogida de esa confianza.

4. Doctor en Sagrada Escritura en 1512

Lutero, una vez regresado a Wittenberg, se graduó, en concurso público, de doctor en Sagrada Escritura, el 19 de octubre de 1512, sustituyendo a Staupitz, su director espiritual, y jurando defender la verdad evangélica con todas sus fuerzas. Prometió predicar la *Biblia* fielmente, enseñarla con pureza, estudiarla toda su vida y defenderla de palabra y por escrito. Comenzó a dar clases en la universidad de esta ciudad, donde fue profesor de Hermenéutica* Bíblica.

Siendo a la vez jefe de estudios del convento y predicador de las iglesias principales de la ciudad, pronto el joven profesor se convierte en una de las figuras más destacadas de Wittenberg, figura respaldada por la Orden, la Universidad y los estudiantes. Lutero dictó lecciones sobre los *Salmos, y* luego sobre la *Epístola a los Romanos,* comentando más tarde las *Epístolas a los Gálatas y a los Hebreos.* Esto ocurre en los años 1513 a 1518. En sus clases quería volver al texto primitivo, y rechazó la Vulgata*, cuya traducción es más antigua que el texto de los manuscritos griegos conservados. Sobre esta base Lutero llega muy pronto a dar una explicación puramente histórica, renunciando a todas las glosas medievales y a cualquier tipo de alegoría. En sus lecciones sobre *la Epístola a los Romanos* escribe en la introducción: San Pablo enseña en la *Epístola a los Romanos* la realidad del pecado en nosotros, y la justicia única de Jesucristo. Si esto era así, muchas de las prácticas sostenidas por la Iglesia eran totalmente inútiles y dañinas para las almas en busca de perdón, porque alentaban a buscarlo en cosas que no podían impartirlo. Es más, si esto era así, significaba que la Iglesia se había apartado del evangelio de la gracia de Dios, sustituyéndolo por un sistema sacramental en el que el sacerdote suplantaba la mediación única de Cristo. Es en esta época de profesor cuando se entrega al estudio del griego y del hebreo con el objetivo de profundizar en el significado y matices de las palabras; algo que luego le será de gran provecho a la hora de traducir la *Biblia*.

El año 1516, tuvo Lutero que hacer una visita de inspección a todos los conventos de la orden de Agustinos, en Turingia y Meissen, encontrando mucha ignorancia y poca vivencia evangélica. En vista de ello, hizo todo lo posible por fundar escuelas, recomendando por todas partes la lectura asidua y diligente de la *Biblia*.. Al mismo tiempo fue nombrado predicador de la iglesia municipal en sustitución del cura párroco de la ciudad, que estaba enfermo. Externamente parecía abocado a desarrollar, sin traumas ni rupturas, una respetada carrera profesional.

5. La predicación de las indulgencias

Para terminar la construcción de la basílica de San Pedro en Roma, el arzobispo de Maguncia hizo que se vendieran indulgencias[65] por toda Alemania el año 1517. Los banqueros de Augsburgo se hacían cargo de las colectas. Los dominicos, entre ellos Johannes Tetzel, eran los encargados de predicar las indulgencias. Escandalizado, Martín Lutero protesta ante las autoridades eclesiásticas, denuncia este engaño desde el púlpito y acaba fijando en la puerta de la iglesia de Wittenberg un cartel con las 95 proposiciones que condenaban el principio mismo, de las indulgencias: sólo Dios perdona y salva. Por otro lado, esto es también lo esencial de la convicción de Lutero. Las indulgencias fueron tan sólo una ocasión para publicar esas proposiciones. Los estudiantes se encargaron de difundirlas.

---

65 Recuadro Nº 40: La práctica eclesial de las indulgencias

La actividad de Tetzel tuvo consecuencias fatales para Wittenberg, ciudad residencial del príncipe elector de Sajonia, pues al conseguir las indulgencias, se disolvían a su vez las tradiciones y costumbres. El problema espiritual con la venta de indulgencias era que la lucha interna entre la cargada conciencia y el pecado se hizo trivial. Todo lo que uno tenía que hacer era comprar indulgencias, y todo estaba bien. El arrepentimiento se acabó siendo un índice para lamentar lo malo. En octubre de 1517, Martín Lutero leyó el *Manual de Instrucción para los Vendedores de Indulgencias*. Al leer dicho manual entendió que ya no podía callarse y clavó las 95 tesis a la puerta de la Iglesia del Castillo de Wittenberg.

La fama de estas noventa y cinco tesis, corrió muy pronto, no ya sólo por Alemania, sino por el mundo entero; en ellas declaraba Lutero, en forma de preámbulo, que las había escrito en espíritu de verdadera caridad y con el deseo terminante de exponer la verdad al pueblo cristiano; invitaba a la vez a todos los residentes en las cercanías o en países lejanos, a que presentasen contra ellas sus objeciones de palabra o por escrito.

Lutero neutralizó en parte la rudeza y atrevimiento de este paso, escribiendo el mismo día 31 de octubre al elector Alberto de Maguncia, enviándole copia de sus tesis, y rogándole hiciese cesar los abusos de los traficantes en indulgencias. En idéntico sentido escribió a algunos obispos. El digno obispo de Brandeburgo, Sculteto, aprobó el contenido de las tesis; pero rogó al mismo tiempo a Lutero que permaneciese quieto y tranquilo, a fin de no turbar la paz de las conciencias. Igual respuesta le dieron otros hombres estimados por Lutero, así como su príncipe, el elector Federico el Sabio, que opinó casi del mismo modo. No quería Lutero imponer la verdad violentamente, pues amaba demasiado la tranquilidad pública, y no podía alegrarse en su corazón de la lucha comenzada. Y aunque en este primer paso del Reformador se ven mezclados miedo y atrevimiento, es imposible dejar de conocer la pureza de sus sentimientos y sus propósitos. Estos se revelan tan claramente en cada una de sus palabras, y en toda su conducta, que el atribuir el comienzo de aquella lucha a la ambición y arrogancia de Lutero, sólo prueba una completa ignorancia de los hechos o un deliberado propósito de falsearlos.

6. Lutero excomulgado

Como consecuencia de la rápida difusión de las Tesis, Lutero fue llamado a Roma para rendir cuentas en 1518. Sin embargo, el elector Federico de Sajonia logra que en vez de tener que ir a Roma, el encuentro se produzca en Augsburgo. Probablemente la protección que este gobernante ejerció hacia Lutero fue uno de los factores clave, humanamente hablando, en el triunfo de la Reforma. En Augsburgo Lutero se encuentra con el cardenal Cayetano, el enviado del Papa León X. Pero el cardenal no estaba allí para dialogar con un oscuro fraile sobre ciertas cuestiones teológicas; lo único que Cayetano esperaba de Lutero era una cosa: la retractación. Lutero contestó que la Biblia tenía primacía sobre todos los decretos, a lo que Cayetano repuso que el Papa estaba por encima de los concilios y de la Escritura. A partir de ahí se terminó el encuentro. Tras una disputa de cuatro días con el legado pontificio, y después de dos escritos fue excomulgado el 15 de junio de 1520. Después de intentar en vano dirigirse una vez más a León X, Lutero quemó solemnemente la bula pontificia.

En 1521 Lutero fue llamado por Carlos V, Emperador del Sacro Imperio Romano, que en aquel tiempo incluía a Alemania, España, los Países Bajos y Austria, a que se presentara ante la Dieta de Worms. Ante una asamblea de dignatarios del Imperio y de la Iglesia se le ordenó retractarse. Contestó que de nada podía retractarse mientras no se le convenciese mediante la Escritura o la razón. Fue condenado, pero tenía demasiados amigos entre los príncipes alemanes para que se cumpliese el edicto. Le escondió un amigo cerca de un año, y luego volvió a Wittenberg para continuar su obra de predicar y escribir. Entre otras cosas tradujo al alemán la *Biblia*, lo cual espiritualizó a Alemania y creó el idioma alemán. Antes de eso ya existían traducciones de la *Biblia* a dicho idioma, pero estaban hechas a partir de la *Vulgata* y eran toscas y fuera del alcance del pueblo. La traducción de Lutero estaba hecha a partir del Nuevo Testamento griego que Erasmo de Rotterdam había compilado.

El mismo año de su condena había publicado los escritos fundamentales de la Reforma: *De la libertad del cristiano, A la nobleza cristiana de la nación alemana sobre la enmienda de la condición del cristiano y Preludio sobre la cautividad Babilonia de la Iglesia*, destinados a los clérigos. Más tarde, el año 1525, para replicar a Erasmo, escribió *Del siervo albedrío;* contra los anabaptistas*: *El deber de las autoridades civiles de oponerse a los anabaptistas mediante castigos corporales*; finalmente, *El catecismo menor y mayor*, del año 1529 y la célebre *Confesión de Augsburgo*, del año 1530, seguida de los *Artículos de Esmalcalda,* publicados en 1536.

7. Configuración de una nueva Iglesia

Poco después Lutero volvió a Wittenberg donde se había implantado la reforma de un modo descontrolado. Poco a poco se fue configurando la nueva Iglesia, sacando las consecuencias prácticas de su doctrina, si no quería que se volviera a abusar de ella: Quedaron eliminadas la misa privada, la obligación de confesarse y el precepto de ayunar, y también el monacato y el celibato; en cambio se mantuvo la lengua latina para el culto, el uso de las vestiduras litúrgicas y la elevación de la sagrada forma en las misas dominicales. La comunidad cristiana, que es para Lutero la única forma legítima de Iglesia, tiene derecho a decidir si el predicador expone la doctrina pura, pero, sin embargo, no posee ninguna potestad disciplinaria sobre sus miembros, potestad que, en aquellos años, Lutero recusa todavía absolutamente incluso a las autoridades seculares. Pocos años más tarde cambiará radicalmente de opinión. En Wittenberg enseña, predica y escribe incansablemente. En 1524 abandona el hábito monástico y un año más tarde se casa con la monja cisterciense Catalina de Bora, que había salido del convento. Al lado de esta mujer, Lutero construyó un hogar marcado por la felicidad conyugal y familiar.

Otro hecho significativo de este mismo año fue la Guerra del Campesinado, donde Lutero tomó una postura muy dura, pese a que las peticiones de éstos eran de sentido común, como el derecho a coger leña de los bosques, abolición de la servidumbre, reducción de los impuestos, cese de los castigos arbitrarios, etc. Lutero reaccionó poniéndose del lado de las autoridades y escribiendo un duro alegato *Contra las hordas asesinas y ladronas de campesinos*.

Lutero murió el año 1546 en Eisleben, la aldea en la que había nacido, confesando hasta el último momento la fe que había predicado. De ahora en adelante su obra se irá desligando cada vez más de su propia persona y seguirá su propio destino.

8. La Iglesia Protestante se fundamenta en la autoridad de la *Biblia*

Lutero nunca quiso fundar una Iglesia. Siempre creyó que no había más que una Iglesia santa, católica y apostólica, juzgando que la Iglesia del Papa se había desviado de su fundamento. Simplemente quiso continuar la tradición, rechazando todo aquello que no concordase con el evangelio. Así, esperaba que poco a poco la Iglesia retornara a sus orígenes apostólicos, pero se topó con una firme oposición.

Consideraba que no encontraba seguridad para la salvación siguiendo las enseñanzas católicas tradicionales. Empezó a pensar que esa seguridad se encontraba en la doctrina de la justificación de la gracia divina a través de la fe sola, mientras que la predicación católica había oscurecido ese aspecto dando la misma importancia a las buenas acciones, a las obras. Pensaba que la venta de indulgencias era un abuso basado en la importancia de las buenas acciones.

Al no querer retractarse y pedir que se demostrara su error mediante las Escrituras, negó la autoridad de Roma y fue excomulgado. Bajo la protección de Federico el Sabio, elector de Sajonia, escribió libros y panfletos, y sus ideas se extendieron rápidamente por toda Alemania y otros lugares de Europa. El movimiento renovador iniciado por el agustino se fue institucionalizando configurándose unidades distintas: Iglesias nacionales en los países escandinavos, Iglesias regionales en Alemania y Hungría y minorías locales en el sur de Alemania, Polonia y, posteriormente, en América.

En las Iglesias luteranas, al negar el primado romano, no existe una autoridad principal, aunque si obispos y presbíteros, que son denominados como 'pastores' y cuya misión principal es la predicación del evangelio, la celebración de la cena y la administración de los sacramentos. Al ministerio pastoral no le reconocen el carácter sacramental. La potestad de jurisdicción que tenían los obispos, no por razón del orden, sino por ser señores territoriales, se consideró adscrito a la autoridad civil y poco a poco pasó a manos de sus príncipes seculares. Con el tiempo se pasó al sistema sinodal.

Los Luteranos son los más decididos en favor de la unidad, primero entre las diversas ramas de su grupo y después entre todos los protestantes.

9. El movimiento reformador y radical dirigido por el pastor suizo Zuinglio

Simultáneamente con la aparición y difusión del luteranismo y estimulado por él en buena parte, aparecen otros reformadores en Suiza, Francia e Inglaterra. Desde estos tres puntos, la reforma invade principalmente el norte de Europa, de donde saltará a América; pero a la vez, y a causa de sus propios postulados reformistas, tenderá a diferenciarse y se complicará con la proliferación de numerosas sectas.

Urlich Zuinglio (1484-1531) fue capellán castrense de las tropas suizas, terminando por condenar en bloque el servicio mercenario, alineándose incluso, con el pacifismo. En 1518 llega a ser el párroco de la catedral de Zurich, donde comienza sus actividades reformadoras. Los estudios bíblicos de Zuinglio le llevaron a la conclusión de que sólo lo que se autorizaba de un modo literal en las Escrituras debía conservarse en la doctrina y en las prácticas de la Iglesia. El luteranismo conservaba muchos elementos de la liturgia medieval, pero Zuinglio abogaba por una ceremonia simple y, en oposición a la Iglesia católica y al luteranismo, consideraba la eucaristía una ceremonia tan sólo simbólica, negando la presencia de Jesucristo en la eucaristía. Rechaza el sacramento del bautismo, el celibato, el ayuno y retira las reliquias de los Santos. En lo demás aceptó completamente la posición luterana. Pronto, con él, toda la ciudad de Zurich se convierte en una ciudad reformada, separada de Roma. Pero sus partidarios tuvieron que pelear contra los cantones católicos y fueron vencidos en la batalla de Kappel el 11 de octubre de 1531, fecha en la que fue mortalmente herido.

Las reformas de Zuinglio, adoptadas de forma pacífica mediante votación por el Consejo de Zurich, pronto se extendieron a otras ciudades suizas. Desde Zurich, y gracias al liderato de hombres muy capacitados, la reforma zwingliana se propagó a otras ciudades helvéticas. Destacaron Capito y Ecolampadio en Saint-Gall, Viret en Lausana, Farel en Ginebra y Bullinger en Zurich, a la muerte de Zwinglio. Cuando Calvino llegó a Ginebra (1536) el protestantismo reformado se había ya extendido a casi todos los cantones suizos. Los principios fundamentales del movimiento reformado, gracias al genio sistematizador y exegético de Calvino, adquirirían su máximo desarrollo y llegarían a identificarse con su nombre y teología.

10. El calvinismo madurez teológica de la Iglesia Protestante

Ha tenido una influencia decisiva en la definición y estructuración de los credos y confesiones de las denominaciones más importantes del protestantismo histórico; pero, además, la importancia del calvinismo es de carácter político y social. Juan Calvino (1509-1564), francés, aceptó las enseñanzas reformistas en 1533. Fue expulsado de Francia en 1534, y llegó a Ginebra en 1536. Allí su Academia se hizo centro y pivote del protestantismo, orientando el pensamiento protestante. Autor de una monumental obra *Institución de la religión cristiana*, en la cual se dedica defender la posición de los evangélicos. Su actividad reformadora abarca, a parte de la dimensión moral y religiosa, también la política, por lo cual se le considera el padre ideólogo de la sociedad capitalista.

Según Calvino, que aceptó el luteranismo y desarrolló la doctrina de la predestinación, según la cual desde un principio, Dios estableció lo que cada uno iba a hacer en la vida, destinando algunos para la salvación eterna y otros para la condenación eterna. Jesús solamente moriría por los elegidos. Hoy en día, muchos sus seguidores, que se llaman Reformados y en la mayor parte del mundo Presbiterianos*, no tienen en cuenta estas enseñanzas recordando las palabras del propio Jesucristo: *"Quien viene a mí, no lo rechazaré"*(Jn 6,36)

El calvinismo es un sistema teocrático*, resultado de una experiencia religiosa: la santidad de Dios es la respuesta a la finitud y pecaminosidad del hombre. Dios se da a conocer como Creador por su obra y por las Escrituras; pero solamente a través de la *Biblia* Dios se revela como Redentor. El principio fundamental del calvinismo es resultado de la aprehensión de Dios en su majestad y gloria. Por un lado, el calvinista se siente indigno de comparecer delante de Dios, como criatura, y, mucho más, como pecador; por otro lado, se ve inundado por el sentimiento de asombro adorante al comprobar que este Dios es el Dios que recibe a los pecadores. En todas las esferas y actividades de la vida el calvinista es un descubridor de Dios.

Para Calvino la Iglesia, como comunidad de santos, estaba llamada al ejercicio de la disciplina moral y eclesiástica; la disciplina se convertiría en una de las notas fundamentales de la verdadera Iglesia. Un ejemplo de este rigorismo lo tenemos con Miguel Servet, médico y teólogo, nacido en Villanueva de Sigena, Huesca, en 1511. Estudió Derecho en Toulouse. En 1535 se inició en la Medicina y atacó con violencia los conocimientos tradicionales, además de observar la circulación pulmonar de la sangre. Mantuvo una dura disputa teológica con Calvino, como se observa en la correspondencia que cruzaron. En 1553, Calvino denunció por hereje a Servet, que fue quemado en la hoguera, cerca de Ginebra.

Calvino rechazó las ideas anabaptistas e hizo suya la distinción zwingliana de una Iglesia visible e invisible. En su aspecto visible la Iglesia es la comunidad de los que profesan la verdadera fe. En su aspecto invisible, la Iglesia es el cuerpo de los elegidos, la comunidad de los creyentes de todos los tiempos. Las agrupaciones religiosas son dirigidas por un consejo, compuesto por ministros ordenados y laicos. Con excepción del Bautismo y la Cena, Calvino eliminó los demás sacramentos del catolicismo; rechazó de la liturgia todas las imágenes, las reliquias, las procesiones, el santoral y todas las festividades religiosas, con excepción del domingo. El calvinismo cree que el culto es netamente espiritual, implica una devoción inteligente, un conocimiento y discernimiento profundo de las verdades de la Revelación y una experiencia íntima de la presencia del Espíritu de Cristo. En el culto calvinista el sermón* ocupa el lugar más importante. La oración constituye otro de los elementos del culto, siendo importante es el canto congregacional. Las ofrendas y colectas que se reciben en los diferentes servicios religiosos constituyen parte integrante del culto calvinista y son un medio de gratitud y alabanza a Dios.

11. Las Iglesias Protestantes en los siglos XIX y XX

Los protestantes destacaron en muchos movimientos humanitarios y reformadores durante el siglo XIX. En Inglaterra, los protestantes evangélicos* dirigieron la agitación política que llevó al Parlamento a abolir la esclavitud en los territorios sometidos al dominio británico. En Estados Unidos los protestantes evangélicos también hicieron campaña en contra de la esclavitud y la prostitución. Otros movimientos respondieron a los problemas de la Revolución industrial. El cristianismo, tanto protestante como católico, intentaba aplicar principios cristianos para implantar cambios sociales fundamentales.

El siglo XX produjo dos reacciones contra el liberalismo teológico. Una fue el fundamentalismo, un movimiento evangélico que se basaba en la infalibilidad de la *Biblia*. Otra fue la teología que se desarrolló como respuesta al sufrimiento que provocó la I Guerra Mundial y que está ligada al teólogo suizo Karl Barth, quien volvía a expresar doctrinas centrales de la Reforma como la esencia pecaminosa de la humanidad, y la dependencia esencial y trascendental de la humanidad respecto a Dios. Sin embargo, a diferencia de los fundamentalistas, Barth aceptaba las conclusiones de los estudios bíblicos modernos.

Tras la II Guerra Mundial, el evangelismo, una evolución más moderada del fundamentalismo, se convirtió en una fuerza destacada dentro del protestantismo. También se incrementó la participación en cuestiones políticas y sociales: muchos protestantes militaban en movimientos contra la guerra y en el movimiento estadounidense en defensa de los derechos civiles que lideraba el ministro baptista Martin Luther King[66].

Otro factor importante fue la aparición del movimiento ecuménico que favoreció la unión de muchas Iglesias protestantes en todo el mundo y llevó a la formación del Consejo Mundial de las Iglesias (1948) Los protestantes establecieron diálogos con la Iglesia católica y con la Iglesia ortodoxa, así como con otras creencias no cristianas.

---

66 Referencia Nº 39: Martin Luther King mártir de la no-violencia

VOCABULARIO

- ANABAPTISTAS: Movimiento nacido de una revuelta de aldeanos en Alemania, los Países Bajos y Suiza, que excluía el bautismo de los niños y deseaba una Iglesia de 'puros'. El nombre significa 'el que se bautiza nuevamente' y se refiere a la práctica anabaptista de bautizar a adultos, aunque la persona ya hubiera sido bautizada en su infancia.
- EVANGELISMO: Movimiento en el protestantismo anglo-estadounidense moderno que resalta el compromiso personal con Cristo y la autoridad de la *Biblia*. Está representado por la mayoría de las confesiones protestantes. Los evangelistas creen que cada individuo tiene una necesidad de renacimiento espiritual y compromiso personal con Jesucristo como salvador. Subraya la ortodoxia estricta en las doctrinas básicas, la moral y sobre todo la autoridad de la *Biblia*. Muchos evangelistas siguen una interpretación tradicional y precrítica de la *Biblia* e insisten en su infalibilidad tanto en la historia como en la fe y en la moral. Los protestantes liberales se oponen a menudo a la utilización del término evangelista para referirse sólo a los tradicionalistas estrictos.
- HERMENÉUTICA: Ciencia que define los principios y métodos de la interpretación de los textos antiguos, en especial los bíblicos, para fijar su sentido.
- PRESBITERIANOS: Juan Knox, que murió el año 1572, fundó en Escocia el presbiterianismo, aceptando las posiciones calvinistas
- TERMINISMO: Posición que afirma que los 'universales' son términos. Es decir rechaza la existencia de los universales o entidades abstractas en cualquiera de sus formas. Es pues un nominalismo exagerado.
- VULGATA: Es la versión latina de la *Biblia* que hizo san Jerónimo a finales del siglo IV: para el antiguo testamento se basa en el texto hebreo; para el nuevo testamento, san Jerónimo se limitó a revisar la antigua versión (*Vetus Latina*), sobre la base de algunos códices griegos. En 1546 el concilio de Trento la declaró 'auténtica', sin excluir por ello el recurso los textos originales.
- SERMÓN: Discurso cristiano u oración evangélica que predica el sacerdote o el pastor ante los fieles para la enseñanza de la buena doctrina.
- TEOCRACIA: Término que indica el 'Gobierno divino' de un Estado constituido sobre la base de la ley divina. Es un concepto importante en el Islam donde se cree que la ley de la tierra ha de ser la misma que la Sari'a, cuerpo de leyes que deriva del *Coran*, la Sunna (palabras y acciones de Mahoma). El régimen instaurado por Calvino en Ginebra fue teocrático.

RECUADROS

Nº 36 Principales tesis de Lutero:

De entre las 95 tesis de Martín Lutero en contra de las indulgencias colocadas en Wittenberg el 31 de octubre de 1517, señalamos las principales, donde se ve que en estas tesis no se repudia la indulgencia misma, sino se condenan solamente los perniciosos abusos de ellas. Se trata de restituir las indulgencias a su objeto primitivo, según el cual, se aplicaban únicamente a las penitencias eclesiásticas. No se dirigían en modo alguno contra el Papado.

27. Predican vana tradición de los hombres, cuantos dicen que tan pronto como el dinero se echa en la caja, el alma sale del purgatorio.

29. Irán al infierno, junto con sus maestros, todos cuantos afirman que por las bulas de las indulgencias tienen asegurada su salvación.

36. Cualquier cristiano que sienta verdadero arrepentimiento de sus pecados, tiene ya la absolución plenaria de culpas y penas, la cual le pertenece y se le aplica sin cartas de indulgencias.

37. Todo verdadero cristiano, sea vivo o difunto, tiene parte en todos los bienes de Cristo y de la Iglesia, por el don de Dios, sin necesidad de cartas de indulgencias.

38. Sin embargo, no se ha de despreciar la absolución del Papa y su dispensación, porque es la declaración de la remisión divina.

50. Es preciso enseñar a los cristianos, que si el Papa supiese el robo y engaño de los predicadores de las indulgencias, antes preferiría que la Basílica de San Pedro fuese quemada o reducida a escombros, que verla construida con la piel, carne y hueso de sus ovejas.

53. Son enemigos del Papa y de Jesucristo los que prohíben la predicación de la palabra de Dios porque se opone a las indulgencias.

62. El único tesoro verdadero de la Iglesia es el Evangelio santísimo de la gloria y gracia de Dios.

Nº 37 Lutero, inventor del subjetivismo:

Gabriella Cotta, investigadora renombrada, alumna del filósofo Augusto del Noce, el pensador que más ha polemizado contra el subjetivismo, ha publicado *La nascita dell'individualismo politico* (*El nacimiento del individualismo político*), de la editorial Il Mulino, una obra que indaga en las raíces teológicas del reformador estudiando el proceso doctrinal y antropológico de Martín Lutero.

La investigadora estudia en particular su cristología que es radical en extraer las consecuencias de una gratuidad absoluta ante la salvación, pero que obliga al ser humano a asumir una supuesta incapacidad no solo para cooperar con Dios sino incluso para comprender a Dios, lo que explica, según la autora, que Lutero reservase a la razón humana, el adjetivo de 'gran prostituta' o 'meretriz del diablo'. Con ello, desaparece toda hipótesis de mediación eclesiástica entre la persona y Dios, desaparecen los méritos humanos y el tesoro de los santos. Un Dios por tanto 'de justicia'y no ya de 'misericordia', que por sus inescrutables designios salva sólo a una pequeña parte de los 'elegidos', en virtud de una imputación 'subjetiva' del sacrificio de Cristo. Este subjetivismo luterano, según la autora, exaltado después por el iluminismo, sería politizado por la Revolución Francesa, hasta convertirse en la espina dorsal de la desacralización de la sociedad contemporánea y, por tanto, de la política.

Nº 38:La práctica eclesial de las indulgencias

Se entiende por indulgencia la remisión por la Iglesia de toda o parte de la pena temporal debida por el pecado. Los orígenes de las indulgencias hay que buscarlos en el siglo IX, en la lucha contra el Islam por parte de la Iglesia. Resulta que la religión islámica asegura el cielo al guerrero mahometano que muere en la guerra santa. En cambio, el guerrero cristiano, además de poder perder la vida, tenía que temer por su perdición eterna, si no había hecho penitencia por sus pecados. Para aliviar estas dudas, el Papa Juan VII, el año 877, prometió la absolución de los pecados a los cruzados que murieran en combate, estableciendo la 'indulgencia de la Cruz', que otorgaba la remisión completa de los castigos penitenciales a quienes participasen en una guerra religiosa. Cuando las cruzadas declinaron, se exploraron nuevos medios para obtener fondos mediante las indulgencias. Así se instituyó una 'indulgencia de jubileo', que se celebraba cada cien años, en beneficio de los peregrinos que acudían a Roma con motivo de esta ocasión. El año 1300, la primera de estas indulgencias produjo grandes sumas de dinero. Entonces se pensó en reducir los años de las sucesivas indulgencias. Primero 50, después 33 y más tarde 25 años. A partir de 1393 se dispuso que se podían obtener las indulgencias de jubileo no sólo en Roma, sino en toda Europa, por medio de predicadores autorizados que daban la absolución a los penitentes a cambio de un pago adecuado. En 1477, una declaración dogmática del Papa Sixto IV atribuyó a la indulgencia el poder de liberar hasta los muertos del Purgatorio. Ya en el siglo XVI, el Papa Julio II decidió construir una nueva basílica de San Pedro, en la que colaborarían los mejores artistas del Renacimiento. El año 1506 se puso la primera piedra. Para sufragar los gastos el Papa mandó predicar una indulgencia plenaria para todas aquellas personas que contribuyeran a sufragar los gastos. La venta de las indulgencias por parte de personas sin escrúpulos fue uno de los abusos que provocaron la Reforma. El Papa León X renovó la indulgencia el año 1514. En Alemania se asignó la promulgación de la bula al Arzobispado de Madeburgo, que encargó al dominico Tetzel la predicación de las indulgencias en Sajonia. Estas predicaciones provocaron las iras de Lutero, quien redactó las 95 tesis contra las indulgencias y sus abusos el 31 de octubre de 1517.

Nº 39 Martin Luther King mártir de la no-violencia

Martin Luther King (1929-1968), clérigo y Premio Nobel estadounidense, fue uno de los principales líderes del movimiento para la defensa de los derechos civiles e importante defensor de la resistencia no violenta a la represión racial. Nació en Atlanta (Georgia), el 15 de enero de 1929, hijo mayor de un ministro baptista. Ingresó en el Morehouse College a los quince años. Graduado en el Crozer

Theological Seminary en 1951, realizó su trabajo de postgrado en la Universidad de Boston, donde investigó los trabajos del nacionalista indio Mohandas Gandhi, cuyas ideas se convirtieron en el centro de su propia filosofía de protesta no violenta. En 1954 King aceptó el nombramiento de pastor en la Iglesia baptista de Dexter Avenue en Montgomery (Alabama) En 1955 se pidió a King que dirigiera un boicot contra una compañía de transportes públicos en Montgomery, a raíz del arresto de una mujer negra tras negarse a dejar su asiento a un pasajero blanco. Durante la protesta de trescientos ochenta y un días, King fue arrestado y encarcelado, su vivienda fue destrozada y recibió muchas amenazas contra su vida. El boicot finalizó en 1956 con una orden del Tribunal Supremo prohibiendo la segregación en el transporte público de la ciudad. Fue una victoria evidente de la protesta no violenta y King surgió como un líder muy respetado.

En una visita a la India en 1959 King pudo captar más claramente la *satyagraha,* método de acción no violenta de Gandhi, que King integró como principal instrumento de protesta social. En 1963 dirigió una multitudinaria campaña a favor de los derechos civiles en Birmingham (Alabama) para lograr el censo de votantes negros, acabar con la segregación y conseguir una mejor educación y alojamiento en los estados del sur. Durante estas campañas no violentas fue arrestado varias veces. Dirigió la histórica 'marcha' a Washington el 28 de agosto de 1963, donde pronunció su famoso discurso *'I have a dream'* ('Tengo un sueño') En 1964 King fue galardonado con el Premio Nobel de la Paz. La posterior preocupación de King por Vietnam y su determinación en dirigir una 'marcha del pueblo pobre' sobre Washington incrementaron las posibilidades de que se atentara contra su vida, cosa que así fue el 4 de abril de 1968 en Memphis (Tennessee)

MATERIAL DIDÁCTICO

1. Manifestaciones pictóricas:

CRANACH EL VIEJO, L., *Martín Lutero* (1533), Germanisches Nationalmuseum, Nuremberg; *Martín Lutero predicando a Jesús crucificado la comunidad,* Iglesia e Santa María, Wittenberg (Alemania)

2. Manifestaciones cinematográficas:

DREYER, C. TH., *Ordet* (*La palabra)*, 1954-1955.

JARROT, CH., *María, reina de Escocia,* 1971.

3. Lecturas:

MEHL, R., *Ética católica y ética protestante,* Ed. Herder, Barcelona 1973.

VI-II. LA IGLESIA ANGLICANA

1. El rey Enrique VIII se autoproclama cabeza de la Iglesia de Inglaterra

Enrique VIII rompió con el Papa Clemente VII, porque éste se oponía al repudio de Catalina de Aragón, con quien había estado casado durante dieciocho años, y así poder casarse con Ana Bolena, de quien se había enamorado. Tras varios años de forcejeo con Roma, Enrique

VIII nombró primado a Tomás Cranmer, capellán de Ana Bolena, y vicario de asuntos eclesiásticos a Tomás Cronwell, que fueron los encargados de resolver favorablemente el problema para el rey.

Mediante el *Acta de supremacía* (1534), el rey se autoproclamó cabeza suprema de la Iglesia de Inglaterra el año 1534 y así pudo realizar su deseo. Proclamó la independencia de la Iglesia Anglicana con Roma, declarándose Único y Supremo Jefe de la Iglesia de Inglaterra. Poco después mandó matar a su nueva esposa, para casarse con Juana Seymor. A la muerte de esta última, se volvió a casar con Ana de Clevri, de la cual se divorció para casarse con Catalina Howard. También a esta la mandó ejecutar, para casarse con Catalina Parr. Contra los católicos que quisieron seguir siendo fieles al Papa, se desató una violenta persecución. Hizo ejecutar a quienes se negaban a aceptar el *Acta*, como Tomás Moro[67] y el obispo Fisher. Bajo su sucesor, de influencia calvinista, se instauró una nueva profesión de fe y una liturgia en lengua inglesa. El reinado de María Tudor significó un reencuentro con Roma, pero esto hizo que fuese objeto de intrigas. De este modo, Isabel I pudo consolidar y organizar de forma definitiva el anglicanismo dentro del espíritu de un calvinismo moderado. La liturgia permaneció casi católica y se mantuvo la estructura jerárquica y feudal de la Iglesia, aunque, desde fines del siglo XVII, existan dos tendencias dispares: la alta Iglesia, de tendencia católica, y la baja Iglesia, de tendencia calvinista. A partir del siglo XVIII, surgió la tendencia de la Iglesia amplia, orientada hacia la unidad protestante.

El Rey o la Reina de Inglaterra es el jefe de la Iglesia Anglicana; le sigue el Parlamento inglés y después viene el Arzobispo de Canterbury. Se divide en diócesis, bajo el régimen de un obispo, y parroquias, guiadas por un párroco. El culto oficial se rige por el *Libro de Oración*, compilado por Cranmer. Contiene el Devocionario oficial, el ritual de ceremonias y partes bíblicas que usan en el calendario litúrgico. Aparte de esto, lo demás es igual a la Iglesia Católica. Hay solamente alguna diferencia notable en la interpretación de ciertos sacramentos,

67 Referencia Nº 41: Santo Tomás Moro, patrono de los gobernantes y los políticos

y al no ser obispo Tomás Cranmer, el Papa León XIII el año 1880 declaró interrumpida la sucesión apostólica en la Iglesia Anglicana por lo cual sus obispos y sacerdotes no son lícitamente ni válidamente consagrados.

El anglicanismo es un interlocutor favorable al diálogo ecuménico con Roma, instaurado de forma solemne cuando el doctor Fisher, arzobispo de Canterbury, el 2 de diciembre de 1960, visitó a Juan XXIII, encuentro que han repetido sus respectivos sucesores.

2. Otros grupos más radicales buscaron una vida más evangélica

Mientras que los luteranos, los calvinistas y los anglicanos constituían Iglesias estables aparecieron algunos grupos protestantes más radicales, como los anabaptistas* o los menonitas[68]. Todos ellos pensaban que los reformadores no habían ido tan lejos como hacía falta en la dirección de un cristianismo bíblico más sencillo. Atacaban, por tanto, con la misma fuerza a las Iglesias protestantes y a la Iglesia católica, por lo que eran perseguidos con virulencia por ambas.

En Inglaterra, un grupo guiado por Robert Browne rechazaba que el gobierno de la Iglesia recayera en presbíteros u obispos y se convirtieron en los llamados independientes. Estos primeros movimientos ejercieron influencia sobre los cuáqueros*, que aparecieron hacia 1640 como seguidores de George Fox (1624-1690).

Muchas de estas pequeñas sectas más radicales huyeron de la represión emigrando a América, y los primeros fueron los puritanos*. Más tarde llegaron a Nueva Inglaterra los congregacionistas* y los baptistas*. A las colonias del centro de la costa occidental de lo que hoy es Estados Unidos llegó una gran variedad de facciones, entre las que estaban los luteranos, los menonitas y los anabaptistas. En las colonias del sur se instaló la Iglesia anglicana.

---

68 Recuadro N° 42: La Iglesia Menonita

Hacia 1670 surgió en Alemania el pietismo como respuesta al intelectualismo de la ortodoxia. Bajo la dirección del sacerdote alemán Philipp Jacob Spencer, la gente empezó a reunirse en sus hogares en pequeños grupos para estudiar la Biblia y orar. El pietismo daba más importancia a la conversión privada y a una piedad sencilla y activa que a la aceptación de proposiciones teológicas correctas. Se extendió por Alemania y de ahí pasó a Escandinavia y América.

La reacción contra las tendencias intelectualistas y formalizantes del protestantismo que había iniciado el pietismo continuó durante el siglo XVIII con el surgimiento de varios movimientos populares que apelaban a las emociones de la experiencia religiosa. En Inglaterra esta reacción adoptó la forma del metodismo, fundado por John Wesley y su hermano Charles Wesley. Predicaban la conversión y la inquietud por los pobres en grandes asambleas celebradas a la intemperie por toda Gran Bretaña. Provocaron un renacer del fervor religioso entre las clases británicas más humildes, que habían sido alienadas por el extremo formalismo y el racionalismo dominante de la Iglesia anglicana. Debido a la desaprobación oficial, el movimiento acabó por separarse de la Iglesia anglicana y se incorporó a los denominados no conformistas.

El movimiento evangelista mantuvo su importancia en el mundo protestante, sobre todo en Estados Unidos. Aparecieron muchas nuevas sectas evangélicas como los adventistas*.

VOCABULARIO

- ADVENTISTAS: Miembros de uno de los tantos grupos protestantes que tienen un énfasis especial en la doctrina de la inminente segunda venida de Jesucristo. Bajo el liderazgo del predicador baptista estadounidense William Miller, fue cuando el adventismo recibió un apoyo más fervoroso y se estableció claramente sus márgenes y normas. Miller y sus seguidores, proclamaban que la segunda venida de Cristo sería entre el 21 de marzo de 1843 y el 21 de marzo de 1844. El fracaso de esta predicción condujo a que muchos seguidores abandonaran el movimiento. Se puso después una segunda fecha para la tan esperada venida de Jesucristo: el 22 de octubre de 1844. Incluso muchos adventistas, preparándose para el acontecimiento, se deshicieron de todos sus bienes. Pero no sucedió lo esperado. Los que siguieron dentro del movimiento se dividieron en cuatro grupos que continuaron prosperando. Dentro la comunidad general, el grupo más numeroso es el de los Adventistas del Séptimo Día.

- ANABAPTISTAS: El anabaptismo o 'rebautizar a los adultos' tiene su origen en tiempos de la reforma, cuando algunos grupos no aceptaron las posiciones e Lutero o de Zuinglio, y proclamaron el retorno a la fe simple del evangelio.
- BAPTISTAS: Las Iglesias bautistas pretenden ser fieles a los principios del Nuevo Testamento y por lo tanto apostólicas en doctrina y carácter. Pero no pretenden haber mantenido una sucesión histórica. Los anabaptistas suizos sentenciados por los partidarios de Zuinglio, y los anabaptistas alemanes sacrificados por los seguidores de Lutero, fueron los pioneros de las ideas bautistas: Iglesia de creyentes y libertad religiosa. Estos principios tomaron cuerpo entre los cristianos disidentes de la Iglesia anglicana y los menonitas de Holanda (s. XVII). Las Iglesias bautistas carecen de un fundador y nacen de un acercamiento a los principios neotestamentarios. Varios nombres van unidos a los comienzos de la denominación: John Smyth, Thomas Helwys, Richard Blunt, Leonard Bushén, Roger Williams. En el año 1644 siete congregaciones netamente bautistas promulgaron la *Confesión de Fe de Londres,* expresando que el bautismo debe ser por inmersión y abogando por la libertad religiosa.
- CONGREGACIONISMO: Dentro del protestantismo es doctrina que reivindica la autoridad de la iglesia local como única forma auténtica de la Iglesia invisible, y atribuye a la asamblea de los miembros la dirección de la iglesia local.
- CUÁQUEROS: También conocidos como 'Sociedad de los Amigos'. El término cuáquero proviene de las palabras con las que George Fox, fundador del cuaquerismo, exhortó a un juez a "honrar a Dios y a temblar ante su palabra", que en inglés se dice *to quake*. Los Amigos profesan los siguientes puntos: autoridad suprema de la palabra interior del Espíritu Santo, no siendo, pues, las Escrituras criterio determinante; supresión de todos los sacramentos; prohibición del juramento; negación del derecho a la legítima defensa; abolición del ministerio ordenado, siendo sustituido por el sacerdocio universal extendido incluso a las mujeres; culto facultativo y ausencia de todo dogma. Se caracterizan por un tuteo generalizado, por su oposición a descubrirse ante los superiores y por no llevar distintivos. Se propagaron a partir de 1650 y sus misioneros llegaron, entre 1654 y 1656, a América del Norte, donde se asentaron, sobre todo, en Pensilvana, territorio que W. Penn recibió en propiedad y que se convirtió en su principal centro de actividad. En 1947 sus comités británicos y estadounidenses recibieron el premio Nobel de la paz. En la actualidad, cuentan con alrededor de 200.000 adeptos, coordinados por un comité mundial.
- PURITANOS: El puritanismo apareció en 1564, al rebelarse algunos miembros de la Iglesia anglicana contra los restos de catolicismo. Influido por el calvinismo, anticatólico y presbiteriano, desempeñó un activo papel en tiempos de Isabel I por medio de la Universidad de Cambridge. Perseguidos los puritanos por la Alta Comisión Eclesiástica emigraron a Países Bajos y luego a América del Norte. Al insistir en la austeridad de vida, sosteniendo que la prosperidad en los negocios

era señal de elección divina, su doctrina contribuyó a la formación de la burguesía capitalista en Inglaterra y EE UU y a la expansión del régimen parlamentario.

RECUADROS

Nº 40 Tomás Moro, patrono de los gobernantes y los políticos:

Tomás Moro nació en Londres en 1478. Recibió una excelente educación clásica, graduándose de la Universidad de Oxford en abogacía. Su carrera en leyes lo llevó al parlamento. En 1505 se casó con su querida Jane Colt con quien tuvo cuatro hijos. Jane muere joven y Tomás contrae nuevamente nupcias con una viuda, Alice Middleton. Hombre de gran sabiduría, reformador, amigo de varios obispos. En 1516 escribió su famoso libro *Utopía*. Atrajo la atención del rey Enrique VIII quién lo nombró a varios importantes puestos y finalmente canciller, en 1529. En la cumbre de su carrera Tomás renunció, en 1532, cuando el rey Enrique persistía en repudiar a su esposa para casarse, para lo cual el rey se disponía a romper la unidad de la Iglesia y formar la Iglesia anglicana bajo su autoridad. Tomás Moro pasó el resto de su vida escribiendo sobre todo en defensa de la Iglesia. En 1534, con su buen amigo el obispo y santo Juan Fisher, rehusó rendir obediencia al rey como cabeza de la Iglesia. Estaba dispuesto a obedecer al rey dentro de su campo de autoridad que es lo civil pero no aceptaba su usurpación de la autoridad sobre la Iglesia. Tomás y el obispo Fisher se ayudaron mutuamente a mantenerse fieles a Cristo en un momento en que la gran mayoría cedía ante la presión del rey por miedo a perder sus vidas. Ellos demostraron lo que es ser de verdad discípulos de Cristo y el significado de la verdadera amistad. Ambos pagaron el máximo precio ya que fueron encerrados en La Torre de Londres. Catorce meses mas tarde, nueve días después de la ejecución de Juan Fisher, Tomás fue juzgado y condenado como traidor. Él dijo a la corte que no podía ir en contra de su conciencia. Fue decapitado el 6 de julio de 1535. Tanto él como el obispo Fisher han sido proclamados santos. Su fiesta es el 22 de junio.

Nº 41 La Iglesia Menonita:

"Fue fundada por Menno Simons (1496-1561) Consideran que el bautismo es un compromiso personal y consciente, reservado sólo a los adultos. Rechazan el término de sacerdote. Una parte importante de la ceremonia de la cena es el lavatorio de los pies. Rechazan las burocracias eclesiásticas. Existe una 'Conferencia Menonita Mundial' que agrupa a la mayor partes de las comunidades del mundo. No realizan el servicio militar porque son pacifistas. Creen en el diablo y desconfían del resto del mundo considerándolo como lugar de pecado. Están organizados en voluntarios aislamientos que les hace pasar desapercibidos. Los grupos más numerosos se encuentran en Latinoamérica. Su edificio más importante es una sobria iglesia. Se encuentran situados en unas explanadas que arrebatan a la jungla y

que se llega hasta ellas por caminos de tierra. Recuerdan a los colonos americanos de finales de siglo. Casi todo está prohibido, maquinaria, teléfono, luz... Se comunican por radio. Nunca ven la civilización salvo para cosas excepcionales. La lengua que utilizan es un desusado alemán del siglo XVI, y sólo los hombres hablan castellano. No hay diferencias sociales, hay una gran solidaridad dentro de la comunidad. Los niños permanecen seis años en la escuela y el único estudio es la lectura de la Biblia. Tienen un sistema de sanidad primitivo y el índice de natalidad es elevado. Mueren de enfermedades mal diagnosticadas. Visten trajes oscuros en domingo que es el día que hacen vida social. Tienen prohibido el baile, el tabaco y el alcohol. Su vida termina a las seis de la tarde. Pero las mujeres todavía se quedan trabajando un rato. Realizan el mejor queso de Paraguay" (J. L. VÁZQUEZ BORAU, *Las sectas destructivas,* Mensajero, Bilbao 1998, 61)

MATERIAL DIDÁCTICO

1. Manifestaciones pictóricas:

HOLBEIN, H., *El rey de Inglaterra Enrique VIII,* Colección Tyssen-Bornemisza, Madrid

2. Manifestaciones cinematográficas:

JARROTT, CH., *Ana de los mil días,* 1969

HUGHES, K., *Cromwell,* 1970.

ZINNEMANN, F., *Un hombre para la eternidad,* 1966.

3.Lecturas:

RAHNER, K., *Curso fundamental sobre la fe,* Herder, Barcelona 1979.

CONCLUSIÓN

1. La historia de la Iglesia es la historia de un combate para acabar creyendo en el ser humano

¿Por qué Cristo no ha vuelto todavía y se hace esperar tanto el fin de los tiempos? Los apóstoles creían que volvería en el espacio de una generación, ¿Cómo es que tarda tanto? Para darnos tiempo de creer en el ser humano. Creer en Dios puede parecer bastante fácil. No le conocemos totalmente y hay pocas posibilidades de verificar nuestras creencias. Pero creer en el ser humano y amarlo resulta bastante difícil. Por eso se nos ha dado el tiempo después de Jesucristo para comprender la humanidad y darle tiempo a desplegar toda su potencialidad.

También para conocer su perversidad, hasta el *Apocalipsis*, donde se exaltará al ser humano según Dios y su destrucción según el mal.

En la historia de la Iglesia fue necesario menos de un siglo para reconocer plenamente la divinidad de Jesucristo: del concilio de Nicea (315) al concilio II de Constantinopla (381). Casi tres siglos han sido necesarios para admitir la integridad de su humanidad: del concilio de Éfeso (431) al concilio III de Constantinopla (681) No es fácil todavía hoy admitir que Jesús de Nazaret es verdaderamente hombre y que ha vivido en esta tierra la historicidad real de una humanidad como todas las otras. Hay que pasar pues del paganismo a la confesión trinitaria; y, paralelamente, del desprecio del hombre a la fe en él. El paganismo es una religiosidad que reconoce un Dios único, un ser de una fuerza misteriosa, no conocido, pero presentado. Este Dios es tan lejano y se manifiesta tan poco, que no sabemos cómo ir hacia él. Para llenar el vacío entre este Dios desconocido, trascendente pero ausente, multiplicamos los intermediarios entre él y nosotros (espíritus, ángeles, demonios), con los que mantenemos relaciones más inmediatas. Todas las religiones han conocido este fenómeno, incluso el judaísmo. En Israel hay el gran combate entre el monoteísmo estricto, defendido por los profetas, y los *baales*, esos dioses más cercanos, como el dios de la vida, de la muerte, de las cosechas, del agua, etc., que llenan el espacio vacío entre Dios y el ser humano y que, eventualmente, conducen hacia el dios desconocido, aunque, con frecuencia, uno se queda con ellos para rendirles un culto del que se esperan beneficios. Entre estos dioses intermedios, hay incluso algunos hombres privilegiados que, de una manera u otra, están en contacto con el mundo de los dioses y el de los hombres, mostrando así a éstos el camino de salvación.

La fe cristiana dice: el verdadero Dios no es totalmente desconocido. Se ha revelado desde la creación y hasta el tiempo de Jesús, en la historia del Primer y Segundo Testamento. Dios es conocido en su actuación con los hombres y gracias a toda esta historia. Hay una inteligencia progresiva de la Divinidad que culmina en la revelación evangélica. Este Dios sólo tiene un único mediador, Jesucristo, Dios y hombre. Como verdadero Dios puede conducir hasta el corazón de Dios, y como verdadero hombre puede partir del corazón del ser humano. Todas las iglesias reconocen esta mediación de Jesucristo. El ecumenismo debería estar animado por el deseo de llegar, con la ayuda del Espíritu, al reconocimiento total de la única mediación de Jesús.

2. La Iglesia católica, a lo largo de los siglos, ha acentuado más el aspecto religioso que el Evangelio

Los reformadores del siglo XVI denunciaron los elementos demasiado religiosos del cristianismo. Fueron los primeros en oponer fe y religión. Poniendo el acento en la fe, parecían negar la eficacia de los sacramentos. Como contrapartida la Iglesia católica reforzó la parte sensible de su culto. Pero hay que distinguir entre 'lo religioso' y la religión. El aspecto religioso es inherente al ser humano y, por tanto, subsiste diseminado fuera de toda pertenencia a una religión. Lejos de ser un signo de la postmodernidad, es el resultado de la modernidad, cuya característica principal es el individualismo. Hasta hace poco lo religioso se vivía como una pertenencia a una religión determinada. Hoy en día existe una individualización de todo lo religioso.

El futuro, por tanto, no está tanto en reconquistar la audiencia de lo religioso, sino en implantar comunidades de creyentes que asuman, allí donde se encuentren, los problemas, las necesidades de las personas, trabajando por la justicia y siendo solidarios con los hermanos más necesitados del planeta, manifestando de esta manera la presencia de Cristo.

3. Espiritualidad evangélica y práctica sacramental

Cuando decimos *espiritualidad evangélica* estamos hablando de llevar una forma de vida que se deje guiar por el mismo Espíritu que guiaba a Jesús de Nazaret. Se trata en última instancia de la actitud básica, práctica o existencial, propia de la persona y que es consecuencia y expresión de su visión religiosa de la existencia.. Esto exige que la persona siga a Jesús de manera que, en una decisión definitiva, se lo juegue todo a una sola carta, abandonando todo juego posterior. La espiritualidad cristiana es, por tanto, una forma de vivir coherente con el *Evangelio* en toda su radicalidad.

El punto de partida de la espiritualidad evangélica es el seguimiento de Jesús. Ahora bien, seguir a Jesús no es seguir una idea, un programa, es seguir a una persona. La entrega a la causa del Reino posee una consecuencia ineludible: la lucha por una sociedad fraternal, solidaria, liberada de injusticias y opresiones. Una sociedad en la que los primeros sean los últimos de este mundo, los que sufren, los pobres, los marginados. Y esto no meramente por un proyecto de justicia social, sino porque constituye la realización, ya en este mundo, de la gran familia de Dios, o sea, la forma de convivencia humana en la que Dios resulta efectivamente el Padre de todos y, por tanto, todos son hermanos y solidarios. A sabiendas que la realización plena sólo se alcanzará más allá de esta historia nuestra.

La misión del Pueblo de Dios, la Iglesia, es proclamar a Jesús, más con las obras que con las palabras. Como decía Carlos de Foucauld: "*Proclamar el Evangelio con la vida*". De modo que este grito sea un desafío y vuelvan a Dios los alejados, es decir, 'se conviertan'. A nosotros, como personas, nos corresponde afirmar y vivir nuestra propia identidad, dar testimonio con la palabra y con los hechos y entrar en una relación de diálogo con los demás. El resto corresponde al misterio de la acción de Dios.

La misión tiene por objeto nuestra propia contribución al plan divino para con el mundo. Esto implica escuchar a los otros, leer los signos de los tiempos, edificar la comunidad humana y dar testimonio de nuestra esperanza.

Jesús vivió como pobre y optó por los oprimidos; se entregó totalmente en la cruz hasta morir; se solidarizó sobre todo con los que sufren. Fue precisamente esta identificación de Cristo con la humanidad sufriente o que más atraía a Gandhi del *Evangelio*.

En el Nuevo Testamento y en especial en san Pablo, se distingue entre 'poder' y 'fuerza'. El poder es una técnica de mando; la fuerza es la capacidad creadora de un ideal. De ahí que la fuerza de la Iglesia-Pueblo de Dios esté en razón inversa al 'poder'. Si se deja deslumbrar por el poder, pierde automáticamente parte de su fuerza.

La pobreza evangélica encuentra su razón de ser en su carácter de juicio divino sobre el egoísmo y la ambición humana. Es una pobreza crítica que no puede ser presentada como un valor individualista y permitir una coexistencia pacífica entre ricos y pobres, pues estaríamos descafeinando las Bienaventuranzas: Efectivamente, al lado de las bienaventuranzas dirigidas a los pobres, a los hambrientos, a los afligidos, a los rechazados, se encuentran las durísimas malaventuranzas a los ricos, a los saciados, a los gozadores, a los coronados.

Una espiritualidad que tranquiliza a ricos y a pobres con la pretensión de compensarlos con un cierto amor de Dios, traiciona la garra crítica de la pobreza evangélica.

Frente a la alienación del consumo, la Iglesia-Pueblo de Dios no puede ejercer su función crítica si antes no es verdaderamente pobre. Sólo así puede ofrecer a la sociedad contemporánea el gran servicio evangélico de denunciar eficazmente el virus mortal que el neocapitalismo ha inculcado en su organismo: la alienación del consumo.

San Pablo, en el primer escrito cronológico del Nuevo Testamento, decía ya a los cristianos de Tesalónica: "*No despreciéis el ejercicio de la profecía*" (1 *Tes* 5, 20). Los profetas fueron siempre hombres y mujeres del pueblo y desde la propia base ejercían su difícil e ingrata tarea de proferir un mensaje discriminador, como se dice en la Carta a los Hebreos: "*La Palabra de Dios es viva y operante y más tajante que una espada de dos filos. Penetra hasta el mismo límite del alma y espíritu, de articulaciones y tuétanos. Discierne las intenciones y cavilaciones del corazón"* (Heb 4,12).

Ezequiel establecía como criterio para discernir entre verdaderos y falsos profetas: la valentía en denunciar el mal donde existe y cuando existe o la cobardía en quererlo camuflar con anuncios de paz falsa y aparente. Los falsos profetas son los que "*han extraviado a mi pueblo diciendo: Paz, cuando no había paz*" (*Ez* 13, 10).

La *Biblia* impone al seguidor de Jesús una actitud ética, no sólo frente al fallo de la persona, sino frente al pecado objetivo congelado en las estructuras sociohistóricas. Se comprende, por esto, que el mensaje liberador que proclama la Iglesia-Pueblo de Dios, apunta directamente al pecado estructural que vicia la realidad social, que sirve de cauce a la historia humana. Por eso, lo primero que tiene que hacer la Iglesia como Pueblo de Dios, y cada uno de sus testigos, en el medio donde le ha tocado vivir, es analizar las estructuras sociales y descubrir las dimensiones pecaminosas que han ido cuajando a través de la herencia maléfica de los antepasados. Esto exige lógicamente de los testigos esperanzados del Evangelio una determinada actitud social, económica y política. El *Evangelio* no es indiferente a la realidad estructural de la sociedad, sino que se proclama directamente en orden a la liberación del pecado que vicia a esas estructuras.

Esta espiritualidad evangélica se alimenta con la *práctica litúrgica y sacramental*. Por su etimología, la 'lit-urgía', no depende del discurso crítico (*logía*) sino de la acción (*urgía*). Esto lo confirma la misma celebración que pretende instaurar o restaurar una nueva relación: a) con Dios; b) entre los participantes; y c) esto lo realiza no intelectualmente sino corporalmente.

Si la teología apunta a la inteligencia creyente del misterio, la liturgia, pretende la comunicación viva con él. No se trata de una operación técnica tendente a transformar el mundo por una acción exterior, sino de una operación simbólica que tiene por objeto una transformación de los sujetos por el trabajo interior de su relación con Dios y entre ellos. Estas dos dimensiones del trabajo simbólico constituyen el objeto de la liturgia cristiana.

La liturgia no pretende sino la comunicación del don divino por el cual se instaura o restaura una nueva relación filial con Dios y fraternal con el prójimo. Bajo este punto de vista, es claro que los sacramentos son la fuente de toda experiencia cristiana. Como dice el Concilio Vaticano II: "*La Liturgia es la cumbre a la cual tiende la actividad de la Iglesia y al mismo tiempo la fuente de donde mana toda su fuerza. Pues los trabajos apostólicos se ordenan a que, una vez hechos hijos de Dios por la fe y el bautismo, todos se reúnan, alaben a Dios en medio de la Iglesia, participen en el Sacrificio y coman la cena del Señor*" (*Sacrosantum Concilium*, 10).

Todo o casi todo es símbolo en la liturgia: un poco de pan y de vino representan la creación y la historia; las personas con las que se intercambia un gesto de paz representan todas las personas con las que nos hemos de reconciliar; un 'Señor no soy digno' nos identifica, si no con el centurión, al menos con el modelo de confianza en Dios que él representa. A pesar de la distancia que media entre el símbolo y la realidad, todo símbolo no deja de ser algo real. Así, la bandera re-presenta, hace presente, la idea de patria. La asamblea litúrgica es también ella un símbolo: por la diversidad de los miembros que la componen y por las posibilidades y los límites ligados a su humanidad. La 'santa Iglesia' de Dios, el 'cuerpo de Cristo', el 'templo del Espíritu', no deja de ser una asamblea plenamente humana. La Iglesia es santa no a pesar de la humanidad, sino en el seno de su humanidad, y es allí donde Dios viene a buscarla y a santificarla. La asamblea litúrgica es así la figura simbólica de lo que se da como vida en lo cotidiano. En ella se vive simbólicamente una relación con Dios que pasa por el prójimo, para seguir viviendo así a lo largo de la semana.

4. Catolicidad evangélica y evangelicidad católica

Hay que recordar que es el Espíritu de Jesús de Nazaret, el que lo ungió para anunciar la Buena Nueva a los pobres y la liberación de todos los oprimidos. Es el mismo Espíritu el que llevó a Jesús desde Belén a Palestina, después de pasar la mayor parte de su vida en Nazaret, símbolo de la encarnación, de la asunción del valor de las cosas pequeñas, de la familia, el trabajo, la amistad, la 'vida oculta'. Y este mismo Espíritu es el que nos anima a vivir una vida evangélica anunciando que Dios está presente en nuestras vidas, en medio de los acontecimientos y realidades más banales: El Reino de Dios, es decir la semilla de Justicia, Amor y Paz ya ha comenzado. Nosotros podemos encontrar la presencia más significativa de Dios en el Pobre y nuestra responsabilidad en su Liberación.

La única misión de la Iglesia es servir a la causa de Cristo Jesús en todos los órdenes para que sea motivo de esperanza para toda la humanidad. Se entiende por Iglesia la comunidad de los que creen en Cristo Jesús, y esto tanto a nivel local como universal. La Iglesia local no es una 'provincia' de la Iglesia universal. Y, a la inversa, la Iglesia universal no es una mera 'asociación' de Iglesias locales. Toda Iglesia local, por pequeña, insignificante, mediocre y miserable que sea, hace presente, manifiesta y representa plenamente la Iglesia entera de Cristo Jesús. Aquí encontramos el genuino concepto de 'catolicidad', que indica identidad en la pluralidad. En primer lugar la catolicidad no es un concepto geográfico: una Iglesia presente en todo el mundo. Tampoco es un concepto estadístico: una Iglesia cuantitativamente más numerosa. Ni un concepto sociológico: una Iglesia encarnada en diversas culturas. Ni un concepto histórico: una Iglesia en línea de continuidad. La catolicidad consiste en la 'identidad de la Iglesia' conservada, confirmada y manifestada 'por todos, siempre y en todo lugar'. La identidad de su fe en Dios Padre que envió a su Hijo para salvar a la humanidad, con la fuerza del Espíritu santo y por mediación de la Iglesia, que es el sacramento universal de la salvación. Una misma fe, un mismo Dios, un mismo Señor, un mismo Espíritu, un mismo Evangelio, un mismo bautismo, una misma Eucaristía: he aquí la sustancia de la catolicidad, de la unidad y la universalidad de la Iglesia.

La Iglesia es una 'comunidad de comunidades' y fundamentalmente vive de la tensión, a menudo incluso conflictiva, entre las pequeñas agrupaciones de personas, entre las parroquias, los obispados, las Iglesias locales en el ámbito de una conferencia episcopal, entre Iglesias continentales y la Iglesia universal. Esta tensión nos salvaguarda del peligro, hoy tan evidente, de una perspectiva demasiado provinciana o de sumirnos en un puro nacionalismo eclesiástico. Y al mismo tiempo nos permite apreciar la ingente riqueza espiritual y cultural de la Iglesia en los diversos países y continentes, gozándonos y dejándonos estimular por ella.

Así, ser católico no significa el extender e imponer el sistema intraeclesiástico, sino el poder dar testimonio de la propia fe en Jesús salvador y liberador, dentro de todas las culturas. Por eso, no sería católica una Iglesia que no fuese, por ejemplo, africana, asiática, europea o latinoamericana.

En la actualidad, para la mayoría de los católicos y de los protestantes las diferencias que aún quedan ya no justifican el cisma. La diferencia fundamental entre 'católico' y 'evangélico' radica en las diferentes posiciones de principio, posiciones que se han ido desarrollando a partir de la Reforma, pero que hoy pueden ser superadas en su unilateralidad e integradas en un verdadero ecumenismo.

La catolicidad evangélica se nos presenta, pues, como un imperativo. La actitud católica consiste en estar fundamentalmente abiertos en todas las direcciones que permite el *Nuevo Testamento*, sin excluir por principio, o de hecho, ninguna de las líneas neotestamentarias. La actitud católica trata de tomar imparcialmente en serio el *Nuevo testamento* en todos los aspectos: ser católico es estar abierto y ser libre con respecto a toda la verdad global del

Nuevo testamento. No se puede suponer que los católicos ya hemos realizado suficientemente la catolicidad en la interpretación del *Nuevo Testamento*. No se puede negar que la eclesiología católica medieval y, particularmente, la de la Contrareforma ha privilegiado las *Cartas Pastorales* y los *Hechos de los Apóstoles* frente al ordenamiento comunitario, más carismático, de las grandes Cartas paulinas. Hoy todavía nos pesa esta herencia y quedan no pocos problemas que resolver.

Concluyendo, se puede considerar católica aquella persona que considera primordial el que, pese a todos los fraccionamientos, la continuidad de fe y de comunidad de fieles se mantenga en el tiempo y que considera primordial que exista en el espacio una universalidad de fe y de comunidad de fieles, una universalidad que abarque todos los grupos, naciones, razas y clases sociales. Se puede considerar evangélica aquella persona que en todas las tradiciones, doctrinas y usos eclesiásticos, considera primordial el recurrir constantemente y con espíritu crítico al E*vangelio* y el llevar a cabo constantes reformas prácticas acordes con las normas de ese mismo *Evangelio.*

Si ponemos en mutua relación ambas actitudes básicas, la verdaderamente católica y la verdaderamente evangélica, resulta que, bien entendidas, la posición católica y la evangélica no se excluyen en absoluto mutuamente. En concreto: La persona católica bautizada puede tener un espíritu verdaderamente evangélico y la protestante bautizada puede mostrar una universalidad verdaderamente católica. Hoy en día, los cristianos y cristianas repartidos por todo el mundo pueden vivir una 'catolicidad evangélica' y una 'evangelicidad católica' sin renunciar a su propio pasado confesional, pero sin cerrar el camino a un mejor porvenir ecuménico, pues ser verdaderamente cristiano significa ser ecuménicamente cristiano.

5. Abrir caminos de confianza hasta en las noches de la humanidad.

Hacemos nuestras las palabras y el deseo ardiente del hermano Roger, fundador de la comunidad ecuménica de Taizé, cuando en su carta 2002 dice que hay personas que, "*por el don de sí mismos, dan testimonio de que el ser humano no está abocado a la desesperación*". Una urgencia que viene de las profundidades de los pueblos es ir en socorro de las víctimas de una pobreza que conoce un continuo crecimiento. Ésta es una necesidad fundamental para lograr una paz sobre la tierra. El desequilibrio entre la acumulación de las riquezas de un cierto número y la pobreza de multitudes es una de las cuestiones más graves de nuestro tiempo. "*¿Haremos todo lo posible para conseguir que la economía mundial aporte soluciones? Ni las desgracias, ni la injusticia de la pobreza vienen de Dios: Dios no puede más que dar su amor. Y hay un súbito asombro al descubrir que Dios mira a todo ser humano con una infinita ternura y una profunda compasión*" .

Cuando comprendemos que Dios nos ama, y que ama hasta al más abandonado de los humanos, nuestro corazón se abre a los demás, nos volvemos más atentos a la dignidad de la persona humana y nos preguntamos: ¿cómo preparar caminos de confianza sobre la tierra? Aunque no tengamos nada estamos llamados a transmitir, por nuestras vidas, un misterio de esperanza a nuestro alrededor: "*Nuestra confianza en Dios es reconocible cuando se expresa por el simple don de nuestras propias vidas: es ante todo cuando se vive que la fe se hace creíble y se comunica*".

La presencia de Dios es un soplo que llena todo el universo, es un impulso de amor, de luz y de paz sobre al tierra. Animados por este soplo, somos conducidos a vivir una comunión con los demás, y somos llevados a realizar la esperanza de una paz en la familia humana. Por su Espíritu Santo, Dios penetra en nuestras profundidades, Él conoce nuestro deseo de responder a su llamada de amor. Así podemos preguntarle: "*¿Cómo descubrir eso que Tú esperas de mí? Mi corazón se inquieta: ¿cómo responder a tu llamada? En el silencio interior, esta respuesta puede surgir: 'Atrévete a dar tu vida por los demás, allí encontrarás un sentido a tu* *existencia'.*"

En un mundo donde las novedades tecnológicas provocan un desarrollo jamás antes conocido, es importante no ignorar las realidades fundamentales de la vida interior: la compasión, la simplicidad del corazón y de la vida, la humilde confianza en Dios, el gozo sereno... "*El Evangelio despierta a la compasión y a una infinita bondad del corazón. Éstas no tienen nada de ingenuas, pueden exigir una vigilancia. Conducen a este descubrimiento: buscar hacer felices a los demás nos libera de nosotros mismos. Y una mirada de amor permite discernir la bondad del alma humana. La simplicidad de nuestro corazón y de nuestra vida nos lleva lejos de los caminos sinuosos donde se extraviarían nuestros pasos*". Aquello que más nos coge en el Evangelio, es el perdón, el que Dios nos da, y el que nos invita a darnos los unos a los otros. Incluso abatido y maltratado, Jesucristo no amenazaba, perdonaba. Él borra lo que está herido en nuestro corazón, a veces desde la infancia o la adolescencia. "*Cuando nos confiamos en él, entonces reconocemos que somos amados, reconfortados, curados..Nunca en el Evangelio, Cristo invita a la tristeza sino todo lo contrario, hace accesible un gozo apacible, e incluso un júbilo en el Espíritu Santo"*. Cristo no ha venido a la tierra para crear una nueva religión sino para ofrecer a todo ser humano una comunión en Dios. En el corazón de Dios, esta comunión que es la Iglesia no puede estar dividida. Es así esencial que se manifieste la Iglesia indivisa, aún escondida pero realizada en Dios. La paz sobre la tierra comienza en nosotros mismos. Ya en el siglo IV, San Ambrosio de Milán nos decía: "*Comenzad en vosotros la obra de la paz, una vez que vosotros estéis pacificados, llevaréis la paz a los demás.*"

6. ¿Iglesias hermanas o la única Iglesia de Cristo?

La expresión 'Iglesias hermanas' se repite a menudo en el diálogo ecuménico, sobre todo entre católicos y ortodoxos, y es objeto de profundización por ambas partes del diálogo. Nosotros aquí nos preguntamos por el uso propio y adecuado de tal expresión. En el Nuevo Testamento, la expresión Iglesias hermanas, como tal, no se encuentra; sin embargo, se hallan numerosas indicaciones que manifiestan las relaciones de fraternidad existentes entre las Iglesias locales de la antigüedad cristiana. Por ejemplo en 2 Jn 13 se dice: "*Te saludan los hijos de tu hermana Elegida*". Se trata de saludos enviados de una comunidad eclesial a otra.

En la literatura eclesiástica, la expresión se comienza a utilizar en Oriente cuando, a partir del siglo V, se difunde la idea de la Pentarquía, según la cual a la cabeza de la Iglesia se encontrarían los cinco Patriarcas, y la Iglesia de Roma tendría el primer puesto entre las Iglesias hermanas patriarcales. Como se sabe, en los siglos siguientes las divergencias entre Roma y Constantinopla llevaron a excomuniones mutuas, que tuvieron consecuencias, que, por cuanto podemos juzgar, fueron más allá de las intenciones y las previsiones de sus autores, cuyas censuras concernían a las personas afectadas, no a las Iglesias, y no tenían la intención de romper la comunión eclesiástica entre las sedes de Roma y de Constantinopla. Las excomuniones fueron recíprocamente levantadas en 1965 por el Papa Pablo VI y el Patriarca Atenágoras I, que acogiendo los gestos fraternos y la llamada a la unidad a él dirigidos por Juan XXIII, expresa a menudo en sus cartas el auspicio de ver pronto restablecida la unidad entre las Iglesias hermanas.

El Concilio Vaticano II usa la expresión Iglesias hermanas para calificar la relación fraterna entre las Iglesias particulares, cuando afirma que: "*existen en Oriente muchas iglesias particulares o locales, entre las cuales ocupan el primer lugar las iglesias patriarcales, y de las cuales no pocas tienen origen en los mismos Apóstoles. Por este motivo ha prevalecido y prevalecen entre los orientales la diligencia y el cuidado de conservar en la comunión de la fe y de la caridad aquellas relaciones fraternas, que deben observarse entre las iglesias locales como entre hermanas*" (Concilio Vaticano II, Unitatis redintegratio, n. 14)

El primer documento pontificio en el cual de halla el apelativo de hermanas aplicado a las Iglesias es el Breve *Anno ineunte*, de Pablo VI al Patriarca Atenágoras I, el 25 de septiembre de1987, que, tras haber manifestado su voluntad de hacer lo posible para "*restablecer la plena comunión entre la Iglesia de Occidente y la Iglesia de Oriente*", el Papa se pregunta: "*Puesto que en cada Iglesia local se opera este misterio del amor divino, ¿no es tal vez éste el origen de aquella expresión tradicional, en virtud de la cual las Iglesias de varios lugares comenzaron a llamarse entre ellas como hermanas? Nuestras Iglesias han vivido por siglos como hermanas, celebrando juntas los concilios ecuménicos, que han defendido el depósito de la fe contra toda alteración. Ahora, después de un largo período de división y de incomprensión recíproca, el Señor, a pesar de las dificultades que en el pasado han surgido entre nosotros, nos da la posibilidad de redescubrirnos como Iglesias* hermanas". Después la expresión ha sido utilizada por Juan Pablo II en numerosos discursos y documentos, como muestra, por ejemplo el n. 56 de la Encíclica *Ut unum sint*, que se inicia con estas palabras: "*Después del Concilio Vaticano II y con referencia a aquella tradición, se ha restablecido el uso de llamar Iglesias hermanas a las Iglesias particulares o locales congregadas en torno a su Obispo. La supresión, además, de las excomuniones recíprocas, quitando un doloroso obstáculo de orden canónico y psicológico, ha sido un paso muy significativo en el camino hacia la plena comunión*". Y el número termina auspiciando: "*El término tradicional de Iglesias hermanas debería acompañarnos incesantemente en este camino*". El tema es retomado en el n. 60, en el cual se observa: "*Más recientemente, la Comisión mixta internacional ha dado un paso significativo en la cuestión tan delicada del método a seguir en la búsqueda de la comunión plena entre la Iglesia católica y la Iglesia ortodoxa, cuestión que ha alterado con frecuencia las relaciones entre católicos y ortodoxos. La Comisión ha puesto las bases doctrinales para una solución positiva del problema, que se fundamenta en la doctrina de las Iglesias hermanas*".

Las referencias históricas expuestas en los párrafos precedentes muestran la relevancia que ha asumido la expresión 'Iglesias hermanas' en el diálogo ecuménico. Entendiendo por esto a las Iglesias particulares o las agrupaciones de Iglesias particulares: por ejemplo, los Patriarcados y las Metropolías, dejando siempre bien claro, incluso cuando la expresión Iglesias hermanas es usada en este sentido propio, que la Iglesia universal, una, santa, católica y apostólica, no es hermana sino madre de todas las Iglesias particulares, tal como indica la Congregación para la Doctrina de la Fe (*Communionis notio*, 28-V-1992) Se puede hablar de Iglesias hermanas, en sentido propio, también en referencia a Iglesias particulares católicas y no católicas; y por lo tanto también la Iglesia particular de Roma puede ser llamada hermana de todas las Iglesias particulares. Pero, como ya ha sido recordado, no se puede decir propiamente que la Iglesia católica sea hermana de una Iglesia particular o grupo de Iglesias. No se trata solamente de una cuestión terminológica, sino sobre todo de respetar una verdad fundamental de la fe católica: la de la unicidad de la Iglesia de Jesucristo. Existe, en efecto, una única Iglesia, según enseña el Concilio Vaticano II, (*Lumen gentium*, n. 8; 9) y por eso el plural Iglesias se puede referir solamente a las Iglesias particulares. En consecuencia es de evitar, como fuente de malentendidos y de confusión teológica, el uso de fórmulas como 'nuestras dos Iglesias', que insinúan, cuando se aplican a la Iglesia católica y al conjunto de las Iglesias ortodoxas o de una Iglesia ortodoxa, un plural no solamente al nivel de Iglesias particulares, sino también al nivel de la Iglesia una, santa, católica y apostólica, confesada en el Credo, cuya existencia real aparece así ofuscada. En fin, se debe también tener presente que la expresión 'Iglesias hermanas' en sentido propio, como es testimoniado por la Tradición común de Occidente y Oriente, puede ser aplicada exclusivamente a aquellas comunidades que han conservado válidamente el Episcopado y la Eucaristía.

ÍNDICE DE RECUADROS

BIBLIOGRAFÍA

- AUBERT, R., *La Iglesia en el mundo moderno,* Madrid 1984.
- BORDONOVE, G., *La vida cotidiana de los templarios en el siglo XIII*, Ed. Temas de Hoy, Madrid 1993.
- BOUYER, L., *Diccionario de Teología,* Barcelona 1977.
- CANNOBIO, G., *Pequeño diccionario de Teología,* Salamanca 1992.
- COTTA, G., *La nascita dell'individualismo político*, Il Mulino, Roma 2002.
- DÍAZ, C., *Didáctica de las grandes religiones,* Madrid 2000; *¿Qué es el personalismo comunitario?*, Fundación Emmanuel Mounier, Madrid 2002.

- FIETZ, M., *Textos de la espiritualidad oriental*, Ed. Rialp, Madrid 1960
- GARCIA COLOMBAS, M., *El monacato primitivo*, Madrid, 1974.
- GARCÍA-VILLOSLADA, R., *Historia de la Iglesia*, Madrid 1979.
- GONDINET, É., *Juan De la Cruz, el poeta de la noche, 2000 años de Cristianismo* Nº 6, Ediciones Sedmay, Madrid 1979.
- GONZALEZ RUIZ, J. M., *Los santos que nunca serán canonizados,* Planeta, Barcelona 1979.
- HEDIN, J., *Manual de Historia de la Iglesia,* Barcelona 1966-1980, 8 Vol.
- HENRY, A. M., *El Espíritu Santo*, Andorra 1961.
- HEERS, J., *Historia de la Edad Media,* Labor Universitaria, Barcelona 1979.
- HERTLING, L., *Historia de la Iglesia*, Herder, Barcelona 1981.
- HUGHES, P., *Síntesis de Historia de la Iglesia,* Herder, Barcelona 1986.
- KÜNG, H., *Ser cristiano,* Ed. Cristiandad, Madrid 1977.
- JEDIN, H., *Breve historia de los concilios,* Barcelona 1963
- JERONI, *Vida de Pau, primer ermità,* Barcelona, 1993.
- KNOWLES, M. O., La Iglesia en la Edad Media, Nueva Historia de la Iglesia, Vol. II, Ediciones Cristiandad, Madrid 1983.
- KÜNG, H., *El Judaísmo,* Círculo de Lectores, Barcelona 1993.
- LEKAI, L., *Los cistercienses. Ideales y realidad*, Herder, Barcelona 1987.
- LORTZ, J., *Historia de la Iglesia en la perspectiva de la historia del pensamiento*, Madrid 1982, 2 Vol.
- LLORCA, B., *Compendio de Historia de la Iglesia Católica,* Madrid 1955
- MESTRE GODES, J., *Viaje al país de los cátaros,* Círculo de Lectores, Barcelona 2001
- MIRA J. F., *San Vicente Ferrer. Vida y leyenda de un predicador*, Algar Editorial, Alzira (Valencia) 2002.
- PEREDA, H. J., *Historiograma del camino de la Iglesia,* Madrid 1999.
- RAFOLS, J. F., *Historia del Arte* ,Editorial Optima, Barcelona 1999.
- ROGIER, L. J., *Nueva Historia de la Iglesia*, Madrid 1964, 5 Vol.
- J.-R. TRIADÓ, *El Barroco* en *Historia del Arte de España,* Lunwerg Editores, Barcelona 1996
- SIX, J. F., *Una luz en la noche,* San Pablo, Madrid 1996.
- TÜCHLE, H., *Nueva Historia de la Iglesia,* Cristiandad, Madrid 1987.
- VÁZQUEZ BORAU, J. L., *Carlos de Foucauld y la espiritualidad de Nazaret*, BAC, Madrid 2001; *Las religiones del Libro,* San Pablo, Madrid 2002; *El ermitaño,* Editorial CCS, Madrid 1997; *Las sectas destructivas,* Mensajero, Bilbao 1998.

www.ingramcontent.com/pod-product-compliance
Lightning Source LLC
LaVergne TN
LVHW010102170826
845678LV00012B/2217

* 9 7 9 8 8 0 9 8 5 1 9 6 1 *